KB055332

모두에게

잘 보일

필요는 없다

일러두기

이 책에 소개된 사례의 인물들은 모두 가명으로 표기했습니다.
또한 사생활 보호와 비밀 보장을 위해 내용을 각색하고 재구성했음을 밝힙니다.

좋은 사람과 만만한 사람 사이에서
고민하는 당신을 위한
관계 심리학

모두에게
잘 보일
필요는 없다

함광성 지음

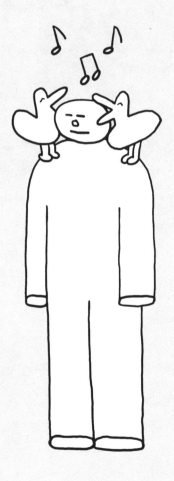

whale books

배려가 미덕이 아닌,
강박이 될 때

"배려하는 사람이 성숙한 사람이다"라고 말할 정도로 우리는 남을 헤아리며 살아가는 것을 미덕으로 생각한다. 그러나 때로는 타인을 배려하며 살아가는 것이 미덕이 아닌 강박이 되기도 한다. 그러지 않아도 되는 상황에서도 나를 낮추고 타인을 배려하는 것이다. 식당이나 가게에서 (누구나 다 하는) 정당한 무언가를 요구하거나 부탁할 때도 "죄송하지만"이라는 말을 하고, 회사 동료의 실수로 내가 피해를 본 상황에서도 아무 말도 하지 않고 "제가 다시 한번 확인했어야 하는데"라며 내 잘못처럼 말한다. 타인을 돕거나 배려할 때는 마음이 편한데, 반대로 내가 도움을 받으면 이상하게 마음이 불편하다. 급기야 연인이 상처받을까 봐 이별을 통보하지도 못하고, 차라리 차였으면 좋겠다고 생각하기까지 한다.

이렇게 우리는 강박적으로, 습관적으로 타인을 배려하다가 정작 나를 배려하는 방법을 점점 잊어버린다. 그러다 보면 모든 일을 내 탓으로 여기고 자책하는 게 더 편해지는 함정에 빠지게 된다. 당신은 오늘 하루, 지난 한 주 동안 얼마나 자책했는가? 또 그 자책으로 얼마나 괴로웠는가? 자책하지 않는 사람은 없다. 나 또한 그런 사람이다.

"이렇게 아침마다 정신없을 거면, 5분만 더 일찍 일어나지 그랬니."
"글을 쓰겠다는 사람이 한 줄도 안 쓰고 자는구나."
"살 뺀다고 해놓고 이 시간에 떡볶이를 먹다니… 나도 참."

이렇게 나를 시원하게 자책하고 나면, 훨씬 더 우울해지고 짜증이 난다. 떡볶이 먹고 살찔 것만 생각해도 씁쓸한데, 이런 자책들까지 더해지면 괴로운 감정은 눈덩이처럼 커진다. 이처럼 자책은 상처에 뿌리는 소금과도 같다. 겪은 일만으로도 충분히 고통스러운데, 그 고통을 몇 배로 키우기 때문이다. 무엇보다 안타까운 것은 내 상처에 내 손으로 직접 소금을 뿌린다는 사실이다.

물론 삶에서 어느 정도 자책이 필요한 것도 사실이다. 자책은 내 모습을 냉정하게 평가해 자기 객관화를 돕고, 부족한 내 모습을 개선하게 하기 때문이다. 그럼에도 불구하고 우리는 습관적으로 자책하는 태도에서 벗어날 필요가 있다. 지나친 자책은 나에 대한 냉정한 평가가 아니라 맹목적인 비난이 되기 때문이다. 잘못한 게 없어도 내 잘못이라 생각하고, 주변에서 좋은 평가를 들어도 그럴 리가 없다며 걸러내 듣는다. 내가 나를 언제나 비난하기 때문에 아무리 주변에서 나를 좋게 봐줘도 내가 나를 좋게 봐줄 수가 없다.

이 책은 남 탓보다는 내 탓이 자연스럽고 습관적인 자책으로 자신을 스스로 괴롭히는 사람들, 즉 나처럼 타인에게는 따뜻하고 관대하지만 나에게는 차갑고 엄격한 사람들의 이야기이다.

많은 사람이 심리상담은 '이상한 사람'이 받는 것이라고 생각한다. 그러나 사실 상담실을 찾는 사람들은 '이상한 사람 옆에 있는 힘든 사람'이 대다수이다. 그렇기에 남 탓보다는 내 탓이 익숙한 사람들의 이야기를 자주 듣게 된다. 나 역시 그런 사람이기에 이들의 이야기가 더 가깝게, 그리고 더 안타깝게 들리는 것 같다.

이들이 호소하는 어려움은 참으로 다양하다. 너무 우울하거나 불안한 사람, 인간관계에서 이리 치이고 저리 치여서 힘든 사람, 어릴 적 트라우마가 자꾸만 떠올라 힘든 사람, 가족과의 관계가 자꾸만 불편한 사람, 공황장애로 하루하루가 무서운 사람, 연

　　　　　　　　모두에게 잘 보일 필요는 없다

인과의 문제로 괴로운 사람 등 이토록 여러 괴로움을 관통하는 한 가지 주제가 있다면, 그것은 바로 자존감일 것이다. 심리적인 어려움의 기저에는 대부분 낮은 자존감이 자리 잡고 있다.

자존감, 정확한 표현으로 자아존중감self-esteem은 내가 스스로 나를 존중하는 마음을 의미한다. 그래서 자아존중감이 높은 사람은 '있는 그대로의 나'를 수용한다. 그러나 자아존중감이 낮은 사람은 나를 있는 그대로 봐주지 않고 굉장히 못마땅하게 여긴다. 어떻게든 자신에게서 마음에 안 드는 구석을 찾아내 자책하고 비난한다. 이 과정에서 익숙하게 경험하는 감정은 바로 죄책감과 수치심이다.

죄책감과 수치심은 언뜻 비슷하게 보이나, 작지만 큰 의미의 차이가 있다.

죄책감

자신의 행동이나 사고 등에 잘못이 있다고 느끼는 감정

수치심

스스로 떳떳하지 못하게 여길 때 느껴지는 창피한 감정

죄책감은 내가 뭔가를 잘못한 것 같은 마음을 의미하고, 수치심은 나를 잘못된 사람으로 느끼는 마음을 뜻한다. 그렇기에 마음속에 죄책감이라는 돌을 하나하나 쌓아 나가다 보면, 어느샌가 수치심이라는 이름의 마음의 성이 세워진다. 그리고 이 마음의 성은 꽤 단단해서 한번 지어지면 쉽게 허물어지지 않는다. 이를 심리상담에서는 내면화된 수치심internalized shame이라고 한다.

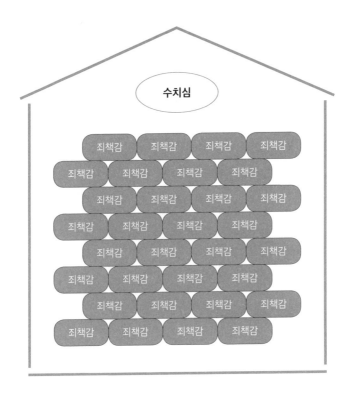

모두에게 잘 보일 필요는 없다

인간의 모든 감정은 저마다 생존에 유익한 기능을 지니고 있다. 예컨대, 불안은 주변의 위협을 미리 대비하게 해주며, 분노는 주변의 공격으로부터 나를 지키게 해준다. 죄책감과 수치심은 자신을 성찰하고 반성하게 하여 사람들과의 관계에서 적절하게 행동하는 데 도움을 준다. 만약 우리가 죄책감과 수치심을 느끼지 못한다면 온 세상은 무법천지가 되었을 것이고, 어쩌면 도덕이라는 개념 자체도 사라졌을지도 모른다. 즉 죄책감과 수치심이 나쁜 감정이 아니라는 것이다. 다만 죄책감이 과도하게 적립되고 수치심으로 내면화되었을 때는 오히려 여러 가지 문제로 나타날 수 있다.

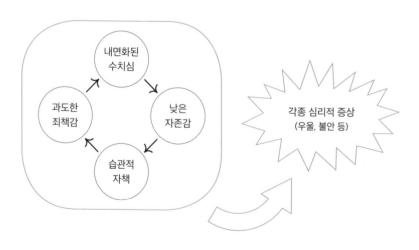

지금까지 여러 해 동안 심리상담 현장에서 일하며 느낀 점 중 하나는 정말 많은 내담자가 내면화된 수치심을 경험한다는 것이다. 자신을 매우 부적절하게 느끼고 잘못된 사람이라고 여긴다. 그래서 습관적으로 자책하면서 스스로 자존감을 낮춘다. 우울, 조울, 불안, 공황 등 다양한 증상의 기저에 낮은 자존감, 내면화된 수치심이라는 공통분모를 지닌 경우가 놀랍도록 많았다. 자신을 존중하지 않기에 더욱 많이 자책하고, 그만큼 죄책감이 더해진다. 그리고 이는 또다시 수치심이라는 마음의 성을 더욱 견고하게 만든다. 악순환의 고리인 것이다.

나는 죄책감과 수치심으로부터 얼마나 자유로울까? 나 역시도 죄책감과 수치심이 언제나 내 삶의 중요한 주제였다. 늘 남에게는 관대하지만 나에게는 엄격했고, 잘못한 것도 없는데 자꾸 내 탓을 하느라 바빴다. 그러다 보니 과거에는 죄송하다는 말을 밥 먹듯이 하고 살았다. 무엇보다 내가 나를 잘 봐주지는 않으면서, 모든 사람에게 잘 보이기 위해 애쓰고 살았다. 여전히 죄책감과 수치심은 내 삶을 괴롭히지만, 적어도 지금은 늘 내 탓만 하는 삶에서는 벗어난 거 같다.

내 탓만 하는 삶에서 벗어나기 위해서는 죄책감과 수치심에 민감해질 필요가 있다. 그리고 이 감정에 휩쓸리지 않고 온전히 나를 바라보며, 나에게 이로운 방향으로 생각하고 행동해야 한다. 이를 위해 이 책의 1장에서는 죄책감과 수치심이 우리 삶

모두에게 잘 보일 필요는 없다

을 얼마나 괴롭히는지를 자세히 들여다보고, 2장에서는 이러한 감정이 어디서부터 비롯되었는지 살펴본다. 3장에서는 죄책감과 수치심을 대할 때 우리에게 필요한 마음가짐을 정리했다. 마지막 4장에서는 과도한 죄책감과 내면화된 수치심을 극복하기 위한 실제적인 노력들을 소개한다.

이 책은 죄책감과 수치심으로 힘들어하는, 남 탓보다 내 탓이 익숙한 나와 당신의 이야기이다. 이 책을 통해 우리가 모든 사람에게 잘 보이는 것보다, 내가 나를 예쁘게 봐주는 것에 마음을 좀 더 쏟을 수 있기를 기대한다.

타인 중심적

인간관계 테스트

다음 스무 개 문항은 이 책이 도움이
될 사람들의 특징들을 정리한 것이다.
체크한 문항의 개수가 많을수록 과도
한 죄책감과 수치심을 겪으며, 타인 중
심적 인간관계를 맺고 있을 가능성이
높다.

- [ ] "죄송합니다", "죄송하지만…"이라는 말을 습관적으로 사용한다.
- [ ] 대화 중에 침묵이 생기면 이 침묵을 깨야 할 것 같다는 압박을 느낀다.
- [ ] 내가 좋은 결과를 냈을 때, 이 결과를 다른 사람들에게 말하는 것이 창피하다.
- [ ] 상대방에게 정당한 요구나 부탁을 하는 것이 어렵다.
- [ ] 왠지 모르게 자꾸만 숨고 싶다.
- [ ] 실제로는 잘못한 게 없는데, 왠지 내가 뭔가를 잘못한 것만 같다.
- [ ] 소속된 팀에서 안 좋은 결과가 나오면 왠지 내 책임인 것 같다.
- [ ] 상대방 기분이 안 좋아 보이면 왠지 내 잘못일 것만 같다.
- [ ] 오랜 기간 서로 연락이 없어 관계가 소원해졌을 때, 진작 연락을 하지 않은 나를 탓한다.
- [ ] 내가 한 일에 대해 좋은 평가를 받았을 때 '기쁘다'보다 '다행이다'라는 생각이 먼저 떠오른다.
- [ ] 도움을 주는 것은 편하지만 받을 때는 불편하다.
- [ ] 상대방과 내 의견이 다를 때, 상대방의 의견을 따르는 것이 더 편하다.
- [ ] 진짜 내 모습을 사람들이 알게 될까 봐 두렵다.
- [ ] 내가 피해를 입은 상황에서도 싫은 소리를 하지 못한다.
- [ ] 누군가에게 도움을 받았을 때, 감사함보다는 부담을 느낀다.
- [ ] 타인을 배려하는 행동을 하지 않으면 뭔가 불안하다.
- [ ] 쉬고 있을 때면, 왠지 이러고 있으면 안 될 것 같아 초조하다.
- [ ] 이별을 통보하는 게 너무 힘들어서 헤어지지 못한다.
- [ ] 상대방에게 조종당하는 것 같은 느낌을 여러 인간관계에서 반복적으로 느낀다.
- [ ] 잘하는 것에 대한 기대보다 못하는 것에 대한 두려움이 더 크다.

3장 죄책감과 수치심에서 벗어나는 7가지 마인드셋

4장 나를 우선순위에 두는 심리 연습

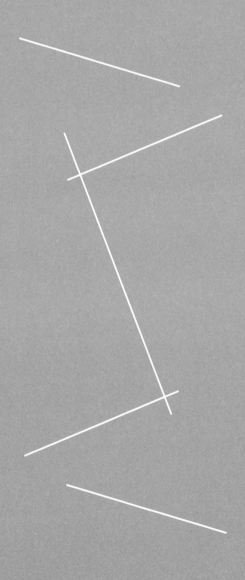

1장

좋은 사람과
'호구' 사이에서
고민하는 사람들

1

혹시 내가
뭐 잘못한 거 있어?

인간관계에서 생기는
불편함의 원인을
모두 나에게 돌린다

내 탓 하는 사람의 진면목은 인간관계에서 가장 잘 나타난다. 죄책감과 수치심은 근본적으로 타인이 있기에 존재하는 감정이기 때문이다. 만약 이 세상에 나 혼자 살고 있다면 아마도 죄책감이나 수치심은 생겨나지 않았을 것이다.

모든 감정은 저마다 존재의 이유가 있다. 죄책감과 수치심은 이 사회 속에서 타인과 함께 어울려 살기 위해 필요한 감정이다. 그래서 죄책감과 수치심을 '사회적 감정'이라고 부르기도 한다.

죄책감과 수치심이 없다면 우리는 동물적인 본능을 통제할수 없을 것이다. 죄책감과 수치심이 없는 세상을 상상해 보자. 죄책감이 없다면 배가 고플 때 다른 사람이 먹는 음식을 아무렇지 않게 뺏어 먹을 것이다. 또한 화가 많이 날 때 스스럼없이 타인을 공격할 것이다. 더 무서운 건 전혀 반성하지 않으리라는 점이다(실제로 이런 모습을 보이는 사람들을 '사이코패스'라고 부르기도 한다). 수치심이 없다면 무더운 여름에 아무 거리낌 없이 옷을 벗고 거리를 활보할 것이다. 그러다가 대로 한복판에서 배변할지도 모른다. 우리 사회는 마치 본능에 충실한 동물들만 사는 정글과 다를 바 없게 될 것이다.

우리는 죄책감과 수치심을 느끼기에 타인에게 피해를 주는 행동을 하지 않고, 정글이 아닌 사회를 이루고 안전하게 함께 살아갈 수 있다. 다시 말하면, 죄책감과 수치심을 느껴야 타인과 같이할 수 있다. 그렇기에 죄책감과 수치심을 많이 느낀다는 것은 그만큼 타인과 함께하기 위해 많은 에너지를 쓴다는 것이다. 혹은 타인과 함께할 수 없을지도 모른다는 깊은 두려움이 만성적인 죄책감과 수치심으로 이어진다고 볼 수도 있겠다.

잠시 상상해 보자. 어느 주말 저녁 당신이 좋아하는 사람(연인, 친구, 부모님 등)과 함께 있는데, 상대방의 표정이 어딘가 모르게 불편해 보이고 약간 화가 난 것 같기도 하다. 당신은 어떤 생각이 들 것 같은가? 그리고 상대방에게 뭐라고 말할 것 같은가? 보편적으로는 '어디 불편한 데가 있나?'라는 생각과 함께 "혹시 무슨 기분 나쁜 일 있어? 무슨 일 있어?"라고 묻는 것이 자연스러운 반응이다.

하지만 지난 주말, 어딘가 언짢은 표정을 짓고 있는 남편에게 보였던 민희 씨의 반응은 조금 달랐다.

"혹시 내가 뭐 잘못한 거 있어?"

남편은 민희 씨 때문이 아니라 직장에서 해결하지 못한 문제를 고민하느라 표정이 굳어 있었다고 설명했다. 그러나 민희 씨는 믿을 수 없었다. 여전히 굳어 있는 남편의 표정은 왠지 자신 때문인 것만 같았다. 아무리 생각해도 내가 잘못한 것은 없지만, 나도 모르는 잘못이 있을지도 모른다는 생각에 자꾸만 사로잡혔다.

민희 씨가 상담실에서 보이는 특징 중 하나는 우리 사이에 잠시라도 침묵이 생기는 상황을 견디지 못한다는 점이다. 상담을 하다 보면 잠시 감정에 머물거나, 생각을 하기 위해 침묵이 생기기 마련이다. 그런데 민희 씨는 이 침묵의 순간이 오면 무슨 수를 써서라도 할 말을 짜낸다. 이런 모습은 비단 상담실에서만이 아니라 남편과 이야기를 나눌 때, 직장에서 동료들과 담소를 나눌 때도 나타났다. 잠시라도 침묵이 생기면 그 순간이 너무 불편해서 어떻게든 그 침묵을 깨려 한다. 침묵이 왜 그리도 불편한지 묻자, 나 때문에 분위기가 어색해지는 게 견디기 어렵다고 했다.

우리는 관계에서 어떠한 불편함이 감지되었을 때 그 원인이 자신에게 있다고 생각한다. 오늘따라 언짢은 표정을 짓고 있는

몸이 안 좋아서

일이 하기 싫어서

오는 길에 차가 막혀서

옆자리 직원이 뭘 잘못해서

상사의 표정이 안 좋은 이유

내가 뭘 잘못해서

아들이 속썩여서

아내에게 잔소리를 듣고 와서

…

상사가 왜 그런지 원인을 추측해 보면 사실 수십, 수백 가지의 가설을 세울 수 있다. 어제 잠을 잘 못 잤을 수도 있고, 아침부터 아내와 부부 싸움을 하고 왔을 수도 있으며, 출근길에 차가 많이 막혀서 짜증이 났을 수도 있다. 옆자리 직원이 출근해서 딴짓하는 게 못마땅했을 수도 있고, 내가 어제 퇴근 전에 상사에게 제출한 결재 서류가 마음에 들지 않았을 수도 있다. 즉, 상사의 기분이 안 좋은 이유가 나 때문일 수도 있지만, 이는 다른 수십, 수백 가지의 가설 중 하나일 뿐이다. 그러나 우리는 '나 때문이다'는 단 하나의 가설만 선택한다. 가설이 아니라 거의 확신한다.

침묵이 생기는 상황도 마찬가지이다. 만약 둘 사이의 대화에서 침묵이 생기면 그 침묵에 대한 책임은 두 사람에게 각자 50

모두에게 잘 보일 필요는 없다

퍼센트씩 있다. 네 사람의 대화에서 침묵이 생기면 그 침묵에 대한 책임은 25퍼센트이다. 그러나 우리는 몇 명이 하는 대화라도 침묵에 대한 책임을 본인에게 100퍼센트로 부과한다. '나 때문에 분위기가 어색해졌다'라는 생각에 사로잡힌다.

오랫동안 연락을 하지 않은 인간관계에서도 비슷하다. 만약 오랜 시간 연락하고 지내지 않아 소원해진 관계가 있다면, 사실 그 소원해진 관계의 책임은 서로에게 있다. 나도 연락 안 했지만, 상대방도 연락 안 한 것이다. 그러나 내가 연락하지 않았기 때문에 관계가 소원해졌다고 생각한다.

이처럼 우리가 관계에서 생기는 불편함의 원인을 자신에게만 돌리는 이유는 마음속에 깊이 자리 잡은 죄책감과 수치심에서 기인한다. 죄책감은 나를 죄인으로, 수치심은 나를 바보로 여기게 한다. 죄인과 바보의 공통점은 '부적절'하다는 것이다. 그렇기에 부적절한 나와 부적절하지 않은 타인의 관계에서 어떤 문제가 생긴다면, 그 원인은 당연히 부적절한 나에게 있다고 생각한다.

네가 좋으면
나도 좋아

강박적으로
상대방을 배려한다

대학원생 시절의 나는 참 착한 사람이었던 것 같다. 내 입으
로 말하기 좀 민망하지만 누군가는 나를 '함엔젤'이라고 불렀고,
또 다른 누군가는 나를 '배려의 아이콘'이라고 불렀다. 내색은 안
했지만 사실 그런 별명들이 마음에 들었다.

배려의 아이콘답게 그때의 나는 삶의 전반에서 타인에 대한
배려가 잔뜩 묻어났다. 좋게 말하면 잘 맞춰주는 사람이었고, 나
쁘게 말하면 호구였다. 점심 메뉴를 고를 때는 항상 "난 아무거
나 다 잘 먹어. 네가 먹고 싶은 거 먹자"라고 말했다. 지하철에서
앉을 수 있는 자리가 생기면 나는 항상 일행들에게 자리를 양보
했다. 누군가 나에게 부탁을 하면, 전날 밤을 새서 힘들더라도 그

부탁을 들어주기 위해 하루 더 밤을 새기도 했다. 모두가 꺼리고 피하는 일이 있으면 그 일을 도맡았다. 피해를 보는 상황이 자주 생겼지만 '차라리 내가 좀 피해 보는 게 마음 편하지 뭐'라고 생각했다. 그래서인지 주변에는 사람이 늘 많았고, 사람들은 나를 좋아했다. 나와 함께하는 사람이 만족할 때, 나도 마음이 편해졌다. 반대로 나와 함께하는 사람이 만족해하지 않는 것처럼 보일 때면, 늘 마음이 불안했다.

이렇게 잘 맞춰주는 사람들은 보통 인기가 많다. 항상 타인 중심적으로 생각하고 행동하기 때문이다. 늘 나를 먼저 생각하고 배려해 주는 사람을 싫어할 사람이 어디 있겠는가? 나라도 그때의 나 같은 사람이 주변에 있다면 친하게 지내고 싶었을 것이다. 언뜻 보면 사회생활도 정말 잘하는 것 같고, 대인 관계도 좋아 보인다. 그러나 어디까지나 좋아 보이는 것일 뿐, 정작 본인은 대인 관계에서 늘 마음이 편하지 않다. 하고 싶어서 하는 자발적인 배려는 에너지를 충전시키지만, 안 하면 안 될 것 같아서 하는 강박적인 배려는 에너지를 고갈시키기 때문이다.

왜 강박적으로 배려하는 것일까? 우리가 인간관계에서 가장 두려워하는 것은 상대방이 나 때문에 기분이 안 좋은 것이다. 우리에게 상대방의 찡그러진 표정은 '내가 뭔가를 잘못했다는 것'을 암시한다. 이 순간 느끼는 깊은 죄책감은 가장 끔찍한 순간이다. 그렇기에 우리는 이런 순간을 만들지 않기 위해 노력한다. 상대방이 나 때문에 기분이 나빠지지 않도록 하는 가장 좋은 방법은 반대로 상대방이 나 때문에 기분이 좋아지게 만드는 것이다. 상대방이 나 때문에 기분이 좋아질수록 내가 생각하는 끔찍한 상황, 즉 죄책감을 느끼는 상황이 생길 가능성은 줄어든다. 나 때문에 기분이 좋아지게 할 수 있는 가장 좋은 방법은 완전히 무해한 사람이 되어 상대방에게 전적으로 맞춰주는 것이다. 이는 함께하기 위한 배려가 아니라, 죄책감을 피하기 위한 배려이다.

배려의 본래 의미
타인을 돕거나 보살펴 주기 위해 마음을 쓰는 것

강박적 배려
죄책감을 피하기 위해 타인에게 맞춰주는 것

강박적으로 배려하는 나를 누군가는 감사하게 여기지만, 필연적으로 누군가는 만만하게 보고 이용하려 한다. 정말 안타까운 것은 누군가 나를 만만하게 보고 이용하려 한다는 것을 알아차린 그 순간에도 우리는 그 사람을 기분 나쁘게 하지 않는 것이 더 중요하다고 느낀다는 점이다. 죄인이 되기 싫은 우리는 그렇게 호구가 되는 것을 선택한다.

3

차라리 차였으면
좋겠어요

관계를 끝내는 것을
과도하게 두려워한다

영주 씨는 상담실에서 한숨과 함께 멋쩍은 웃음을 지으며 말했다.

"이번에도 못 헤어졌어요."

영주 씨의 고민은 남자 친구와 헤어지지 못하는 것이다. 지난주에 "다음 상담 올 때는 꼭 헤어지고 오겠습니다!"라고 씩씩하게 선언하며 상담실 문을 열고 나섰지만, 이번 주에도 결국 헤어지지 못했다.

영주 씨는 지금 남자 친구를 사랑하지 않는다. 반대로 남자 친구에게 사랑받는다는 느낌도 잘 받지 못한다. 특별한 갈등이 있는 것은 아니지만, 언제부터인가 남자 친구와의 연애가 일처럼 부담되고 정으로 만나는 느낌이 들었다. 오래 고민한 끝에 헤어지는 게 맞다는 생각이 들었다. 그렇게 결심했지만 문제가 생겼다. 가장 중요한 "헤어지자"라고 말하지 못하는 것이다. 친구들은 이런 영주 씨의 모습이 너무 답답하다. 어떤 친구는 "나한테 휴대폰 줘봐. 대신 말해줄게"라고 말할 정도이다. 영주 씨는 이별을 원하고 이별이 답인 것을 알면서도, 그 말 한마디를 하지 못하는 자신이 바보 같고 한심하게 느껴진다고 한다.

사실 대부분의 사람에게 소중했던 대상과 관계를 끝낸다는 것은 어렵고 곤란한 일이다. 되도록 하고 싶지 않은 경험이기도 할 것이다. 그러나 우리는 이 어려움을 과도하게 크게 느낀다. 관계를 끊어야 하는 상황을 매우 위협적으로 느끼고, 적극적으로 피하려 한다. 그러다 보니 해로운 관계임을 알아도 끝내지 못하고 유지한다. 관계를 이어 나가겠다고 선택하는 것이 아니라, 끝내지 못해 어쩔 수 없이 유지한다. 이것이 비단 연인 관계에만 국한되는 것이 아니다. 누군가는 그만두겠다는 말을 못 해서 회사를 울면서 계속 다니고, 또 누군가는 다니고 있는 학원을 그만두지도 못한다.

우리에게 유달리 이 문제가 어렵게 느껴지는 이유는 바로 죄

모두에게 잘 보일 필요는 없다

책감 때문이다. 누구나 상대방과 관계를 끊을 때는 어느 정도 죄책감을 경험할 수밖에 없다. 그럼에도 사람들이 관계를 끊어내는 것은 그 죄책감이 괴롭지만, 그래도 견딜 수 있다는 것을 마음이 알기 때문이다. 안타깝게도 우리는 마음속에 이미 너무 많은 죄책감을 축적하고 있다. 그렇기에 우리의 마음은 조금이라도 죄책감이 더해지는 것을 거부한다. 이로 인해 견딜 수 없는 수준의 죄책감을 경험할 것 같다는 두려움이 행동을 막는 것이다.

그래서 우리가 선호하는 관계를 끝내는 방식은 두 가지이다. 첫 번째는 상대방이 먼저 관계를 끝내자고 하는 것이다. 내가 차는 것보다 차이는 게 더 마음이 편하다. 내가 사직서를 내는 것보다 권고사직을 당하는 게 낫고, 학원은 수강료를 안 내서 자동으로 수강 취소가 되는 것이 좋다. 두 번째는 첫 번째보다는 덜 선호하지만, 상대방에게 분명한 귀책사유가 있을 때이다. 상대방이 너무 큰 잘못을 했을 때 비교적 마음 편히 관계를 끝낼 수 있다. 가령, 연인이 바람을 피웠을 때 좀 더 쉽게 이별을 고할 수 있다. 이런 방식들로 관계를 끝낼 때 우리 마음은 죄책감이 더해지는 것을 피해갈 수 있다. 그러나 상대방이 끝내주거나 잘못하기 전까지는 관계를 끝내지 못한다는 수동적 태도는 자신을 나약하고 무력한 존재로 만든다. 즉, 죄책감은 피하지만 그만큼 자존감도 낮아질 수밖에 없다.

4

남에게 쉽게
휘둘리다

가스라이팅을 당하기 쉬운 상태

우리는 타인에게 쉽게 휘둘린다. 분명한 생각과 태도로 주
장을 펼치는 타인이 있을 때, 우리는 그 주장에 쉽게 동조할 뿐
만 아니라 그에게 맞춰 나의 생각과 태도까지도 바꿔버린다. 가
령 회사에서 점심시간에 내심 한식이 먹고 싶다가도 "오늘같이
비 오는 날은 짬뽕이죠!"라고 신나서 이야기하는 동료를 보면,
'그래, 이런 날은 짬뽕을 먹는 게 맞지'라고 생각을 바꾼다. 이처
럼 타인으로부터 쉽게 영향을 받는 모습을 심리학에서는 '피암
시성이 높다'고 말한다.

모두에게 잘 보일 필요는 없다

피암시성suggestibility
타인의 암시를 받아들이고,
이를 자신의 생각과 태도에 반영하는 성질

우리가 피암시성이 높은 이유는 죄책감과 수치심을 반복적으로 경험하면서 자신을 잘못한 사람, 부적절한 사람으로 인식하기 때문이다. 나를 다른 사람보다 부적절한 사람으로 여기기 때문에, 상대적으로 적절해 보이는 타인에게 맞춰 생각하고 행동하는 것이다.

지난 주말 영철 씨는 넷플릭스에서 우연히 A라는 영화를 보게 되었는데, 너무나도 재밌어서 마치 숨은 보석을 발견한 느낌이었다. 월요일에 출근해 옆자리 동료와 점심식사를 하고 있었는데, 동료가 놀랍게도 "영철 씨, 혹시 영화 A 보셨어요?"라고 물었다. 너무나 반가워서 "안 그래도 지난 주말에 봤어요!"라고 답하고 이야기를 이어 나가려는 찰나, 동료의 입에서 의외의 반응이 쏟아져 나왔다. "어떠셨어요? 완전 노잼이죠? 완전 제 취향이 아니더라고요. 부모님이 보고 계셔서 어쩌다 같이 보게 됐는데, 결말도 완전 어이없고 시간 아까워 죽는 줄 알았어요." 영철 씨는 차마 거기서 "어… 저는 재밌던데요?"라고 말하지 못했다. "그… 저도 그렇더라고요"라고 답하고는 속으로 생각했다. '내 취향이 좀 이상한가?' 단지 그 영화가 직장 동료의 취향에는 안 맞았고,

영철 씨의 취향에는 잘 맞았던 것일 테지만 영철 씨는 너무나도 쉽게 내 취향을 '틀린 것'으로 인식해 버렸다. 아마도 영철 씨는 앞으로 영화 A를 재밌게 봤다는 사실을 어디서도 쉽게 이야기하지 못할 것이다. 영화 A를 본 나의 취향이 이상하다는 것을 타인에게 들키는 일이기 때문이다. 그렇게 우리는 또 한번 수치심을 적립한다.

이와 같은 높은 피암시성은 가스라이팅에 대한 취약성으로 이어지기도 한다. 가스라이팅이라는 표현을 한번쯤을 들어보았을 것이다. 가스라이팅은 상대방을 심리적으로 조종해 내가 원하는 방식으로 지배하는 것을 의미한다(사실 심리학에서 사용하는 개념은 아니다. 의미적으로 가장 근접한 심리학적 용어로는 조종 manipulation이 있다).

가스라이팅은 크게 두 가지 과정으로 이루어진다.

1. 상대방의 마음을 심리적으로 약하게 만든다.
2. 약해진 상대를 내 마음대로 조종한다.

첫 번째 과정에서 상대방의 마음을 약하게 만들기 위해 가장 많이 사용하는 방법은 상대방을 부적절한 사람으로 만드는 것이다. '이걸 기분 나빠하는 네가 이상한 거 같은데', '널 생각해서 하는 말인데, 기분 나빠하니까 어이가 없다', '네가 이상하게

모두에게 잘 보일 필요는 없다

했으니까 사람들이 널 그렇게 대한 거야'라는 식의 교묘한 말과 태도를 반복적으로 표현한다. 잘못한 게 없는데, 자꾸만 내가 잘못한 게 되어버리고 이상한 사람이 되어버린다. 이런 경험이 반복되면 나는 스스로 뭔가를 결정하고 행동할 수 없는 부적절한 존재로 여기고, 그 결과 상대방에게 전적으로 의존한다. 그러다 결국 마리오네트처럼 자기통제력을 잃고, 두 번째 과정인 상대방의 의사에 따라 조종당하는 결과로 이어진다.

그런데 우리는 반복적인 죄책감과 수치심 속에서 이미 자신을 부적절한 사람으로 인식하고 있다. 앞서 말한 것처럼 가스라이팅의 과정에서 타인은 나를 부적절한 사람으로 만들기 위해 '네가 틀렸다'라는 메시지를 수없이 던진다. 그러나 우리는 항상 자신에게 수없이 '내가 틀렸다'라고 말한다. 남이 하지 않아도 내가 스스로, 셀프로 가스라이팅을 당할 준비를 하는 셈이다. 그렇게 우리는 한 손에는 죄책감, 다른 한 손에는 수치심이라는 이름의 망치를 들고 마음의 성벽을 스스로 무너뜨린다. 타인이 언제든지 내 마음의 성으로 침범해 원하는 대로 마음을 조종하고 지배하도록 준비해 놓는 셈이다.

혹시 당신도 자신을 부적절하게 여기며 가스라이팅을 당하기 쉬운 상태로 만들고 있지는 않은지 점검해 보길 바란다.

5

내 죄를
내가 알렸다

스스로에 대한 무능감과

지나친 자기 검열

정신분석학자 지그문트 프로이트는 일찍이 '일과 사랑이 삶의 전부'라고 말했을 정도로, 일이 우리 삶에서 차지하는 영향은 크다. 예전에는 수면 다음으로 삶에서 많은 시간을 소비하는 게 일이라고 했는데, 이제는 이 말도 옛말이 되었다. 2021년 글로벌 기업 필립스에서 시행한 수면 조사 결과에 따르면 한국인의 평균 수면 시간은 평일 기준 6.7시간이라고 한다. 보통 하루에 8시간 정도는 일로 보내니, 수면 이상으로 우리 삶에서 큰 영역을 차지하는 것이 바로 일인 셈이다.

이처럼 중요한 일의 영역에서 우리는 심리적 어려움을 겪을 때가 많다. 중요한 것은 이 중에는 일을 잘하는 사람도 있고, 못

모두에게 잘 보일 필요는 없다

하는 사람도 있지만 능력과 무관하게 공통적으로 마음의 고통을 경험한다는 것이다. 역시나 죄책감과 수치심 때문이다.

죄책감과 수치심이 일의 영역에서 더욱 괴롭게 다가오는 것은 일이 갖는 본질적인 속성 때문이다. 일은 비교적 분명하게 잘함과 못함이 구분된다. '정답과 오답'의 경계가 분명하기에 '성공과 실패' 역시 명확히 구분되는 편이다. 오히려 앞에서 살펴보았던 인간관계에서는 본질적으로 정답이라는 것이 없지만, 일에서는 그렇지 않다는 것이다. 그렇기 때문에 그토록 두려워하는 죄책감과 수치심을 일의 영역에서는 더 쉽고, 확실하게 느낄 위험이 크다. 원래 일은 불안하고 긴장되는 것이지만, 우리에게는 유독 일하는 매 순간이 마치 외줄 타기처럼 더욱 아슬아슬하고 두렵게 경험된다.

규현 씨는 나와 7회기째 상담을 하고 있는 삼십 대 초반 직장인이다. 일찍 사회생활을 시작해서 벌써 10년째 같은 회사를 다니고 있다. 10년이면 업무도 환경도 익숙해질 만한 시간이기에 어느 정도 자기 일에 자신감이 생겼을 법도 하지만, 규현 씨의 직장 생활 이야기를 가만히 듣다 보면 아직도 신입 사원처럼 위축된 것 같다. 특히 '죄송'을 입에 달고 산다. 전혀 죄송할 만한 상황이 아니어도 항상 말에 '죄송하지만'을 붙인다. 신입 사원에게 업무상 필요한 업무를 지시해야 할 때도 "죄송하지만… 여기 이메일 좀 보내주시겠어요?"라고 말하고, 상사가 떠넘긴 일의 결재를 요청할 때도 "바쁘실 텐데 죄송하지만, 결재 좀 부탁드립니다"라고 말한다. 급기야 한번은 프로젝트에서 옆 팀 직원의 실수로 손해를 보게 된 상황에서도 "죄송하지만… 이 부분이 조금 문제가 있는 것 같은데 확인해 주실 수 있을까요?"라고 기어들어가는 목소리로 말했다고 한다. 규현 씨 표현을 빌리자면, '누가 보면 내가 잘못한 것'처럼 말이다. 이런 모습은 상담실에서도 비슷하게 나타났다. 상담 첫 만남에서는 너무 일찍 도착해서, 두 번째 만남에서는 10분이나 지각해서 죄송하다고 했다. 세 번째 만남에서 정시에 상담실에 도착했길래 이번에는 죄송할 일이 없겠구나 싶었다. 그러나 규현 씨는 기가 막히게 죄송한 포인트를 찾아냈다.

"아이고 죄송해요. 매번 불규칙하게 오네요. 이번 주에는 딱 맞춰 와서 당황하셨겠어요."

일과 업무의 영역에서 우리가 생각하는 자기 이미지는 마치 받아쓰기 0점을 맞고 집에 돌아온 아이의 모습과 같다. 뭔가 잘못했다고 느끼고, 부족하다고 느끼고, 당당하지 못하다. 숨고만 싶다. 그래서 업무에서도 늘 위축되어 있고, 자신감이 없고, 자신을 드러내려 하지 않는다.

업무상으로 타인과 접점이 생기는 모든 상황에서 위축된다.

모두에게 잘 보일 필요는 없다

부족한 내 모습을 들키는 상황, 마치 0점 맞은 받아쓰기장을 엄마가 들여다보는 상황처럼 말이다. 부족한 모습이 드러났을 때 상대방이 나를 부정적으로 평가할 것은 분명하고, 이후에도 어떤 후폭풍이 생길지 모르기 때문에 더 두렵다.

정당한 요구를 해야 하는 상황에서도, 자신은 그런 정당한 요구마저 할 자격이 없다고 생각한다. 내 생각은 틀렸을 가능성이 더 크기 때문에, 웬만하면 의견을 표현하는 경우는 극히 드물다. 의견을 표현하더라도 다수의 의견을 마치 자신의 의견인 것처럼 포장해 말한다. 그래서 공식적인 의견을 말하는 것은 비교적 편하지만, 개인적인 의견을 말하는 것은 극도로 불편하게 느낀다.

사극을 보면 사또가 죄인에게 "네 죄를 네가 알렷다!"라고 소리친다. 죄인이 자기 죄를 시인하면 곤장을 열 대 맞지만, 자기 죄를 모르면 스무 대를 맞는다. 우리가 타인에게 '죄송하지만'이라는 표현을 쓰는 것도 이와 비슷하다. 이 표현을 습관적으로 사용하는 것은 '저도 제가 잘못한 거 알고 있으니 너무 미워하지 마세요'라는 말과 같다. 자신을 지키기 위한 무의식적인 반응이라고 볼 수 있겠다. 여기서 가장 안타까운 것은 정작 상대방은 사또도 아니고 곤장을 때릴 마음 역시 전혀 없다는 점이다. 상대방은 나를 잘못했다고 생각하지도 않고, 비난할 마음도 없다. 하지만 우리는 자기 마음의 한가운데에 스스로 가혹한 사또를 세워놓고, 내 죄를 묻고, 내 죄를 시인하고, 나에게 벌을 준다.

6

잘하려고 ×
못하지 않으려고 ○

접근 동기와 회피 동기의
불균형

이제 나는 늘 죄송해하는 삶에서 어느 정도 벗어났다고 생각하다가도, 여전히 삶의 순간순간에서 이런 모습이 나타날 때가 있다. 이 책을 본격적으로 써 내려가기 전, 출판사의 편집장님과 미팅을 한 적이 있다. 미팅 전에 이런저런 책의 방향성에 대한 논의 과정들을 거쳤고, 미팅 자리에서 편집장님은 그 과정에서의 내 모습을 칭찬해 주었다. "사전에 논의하면서 작가님에게 일 잘러의 느낌이 났어요. 기한도 잘 맞춰 주시고, 요구 사항도 너무 잘 이해해 주셔서 좋았고, 앞으로도 함께 잘 해볼 수 있을 거라는 기대가 돼요." 대략 이런 내용의 칭찬이었다. 이런 말을 들으니 당연히 기분이 좋았다. 당신이라면 이 상황에서 뭐라고 반응

모두에게 잘 보일 필요는 없다

했을 것 같은가? "감사합니다. 별말씀을요." 이런 식의 반응이 아마도 가장 보편적이고 적절한 반응일 것이다. 하지만 어색한 웃음과 함께 내 입에서는 이런 말이 튀어나왔다.

"다행이네요."

첫 만남이라는 긴장된 상황에서, 내 진짜 마음이 그대로 말로 나와버린 것이다. 사실 칭찬을 들었던 순간 느껴진 감정은 순수한 기쁨이라기보다는 '안도감'이었기 때문이다.

자책하는 사람들의 위축된 모습은 업무적으로도 미숙할 것이라는 인상을 주지만, 실제로 이들은 대부분 일을 잘 한다. 특히 꼼꼼하고, 본인이 맡은 업무에 대해 끝까지 책임지는 모습을 보여서, 업무적으로 믿을 만하다는 평가를 자주 듣는다. 이른바 '일잘러'인 경우가 많다.

상담에서도 '자책형 일잘러'의 일과 직장 생활에 대한 이야기를 듣다 보면 정말 엄지를 치켜세울 정도로 일을 열심히 하는 사람이 많았다. 사실 열심히 하는 정도가 아니라, 과도하게 일을 많이 하는 일중독인 경우가 더 많다. 그런데 조금 자세히 듣다 보면 일을 열심히 하는 이유, 즉 동기가 남들과는 조금 다르다는 것을 자주 발견할 수 있다.

심리학에서 동기는 어떠한 행동을 일으키게 하는 기제를 의미한다. 동기 이론마다 조금씩 다르지만, 여기서는 접근 동기와 회피 동기를 살펴보고자 한다.

접근 동기approach motivation

좋은 것을 얻기 위해 행동하려는 마음

회피 동기avoidance motivation

싫은 것을 피하기 위해 행동하려는 마음

일을 '건강하게' 열심히 하는 사람들은 대부분 접근 동기와 회피 동기가 적절하게 균형을 이룬다. 적정 수준의 접근 동기(성취감을 느끼기 위해, 타인에게 인정받기 위해, 사회적으로 성공하기 위해 등)와 회피 동기(좌절감을 느끼지 않기 위해, 굶어 죽지 않기 위해, 남에게 뒤처지지 않기 위해 등)가 서로 시너지를 이루며 열심히 일을 하게 만든다.

반면 자책형 일잘러가 열심히 일하는 마음에는 접근 동기보다 회피 동기의 비중이 훨씬 크다. 뭔가를 얻기 위해서 열심히 하는 게 아니라, 뭔가를 피하기 위해서 열심히 일한다는 것이다. 피하고 싶은 것은 다름 아닌 나의 잘못, 나의 부적절함이 확인되는 순간이다. 즉 열심히 일하는 이유는 내 잘못과 부적절함이 드러나는 것에 대한 죄책감과 수치심을 피하기 위해서라는 것이다.

모두에게 잘 보일 필요는 없다

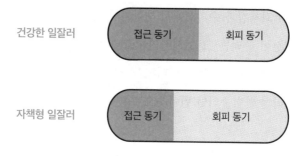

| 건강한 일잘러 | 접근 동기 | 회피 동기 |

| 자책형 일잘러 | 접근 동기 | 회피 동기 |

우리는 늘 자신의 잘못을 찾는다. 이것은 자기가 맡은 일을 대하는 태도에서도 마찬가지이다. 늘 미흡한 부분을 찾는다. 하지만 일이라는 것이 하면 할수록 완성도가 높아지고, 아무리 다한 것 같아도 끊임없이 할 일은 더 생기기 마련이다. 그래서 멈추지 못하고 계속 일할 수밖에 없다. 미흡한 부분을 찾고 미흡한 부분을 채운다. 그렇지만 또 다른 미흡한 부분이 발견되면 또다시 채우기 위해 노력한다. 마치 밑 빠진 독에 물을 붓는 격이다. 99.99퍼센트의 완성보다 0.01퍼센트의 미완성에 더욱 눈길이 간다. 미완성의 0.01퍼센트가 들키면 안 되기 때문이다.

일이 성공하면 누구나 기뻐하지만, 우리의 기쁨은 조금 색깔이 다르다. 이 기쁨은 뭔가를 성취해서 느끼는 뿌듯함보다는 내 미흡함이 들키지 않은 것에 대한 안도감에 가깝다. 이런 성공 경험이 반복되다 보면 '열심히 일하는 것'에 점점 더 집착할 수도 있다. 열심히 일해서 성공이 확인되는 순간 일시적으로나마 만성적인 죄책감과 수치심에서 해방되어 안도감을 느낄 수 있다. 모든 긴장이 풀리는 그 일시적인 편안함에 중독되어, 자꾸만 더 과도하게 일에 집착하는 것이다. 그러다 보면 단순한 워커홀릭을 넘어 병리적 완벽주의나 번아웃으로 이어질 수도 있다.

7

도움을 주는 건 편하지만,
받는 건 불편해

수치심에 대한 과잉 보상과 회피

12월 어느 늦은 저녁, 입사 8개월 차 직장인 겨울 씨는 혼자 사무실에 남아 인터넷을 뒤적거리고 있다. 겨울 씨가 퇴근도 못 하고 2시간째 인터넷에서 찾아보는 정보는 '연간업무계획표 짜 는 법'이었다. 다음 주 월요일까지 내년 연간업무계획표를 작성 해 제출해야 하는 상황이기 때문이다. 첫 직장인 데다가 첫 연말 이라 연간업무계획표가 도무지 어떻게 생긴 것인지조차 감이 잡 히지 않았다. 사실 오늘 낮에 옆자리 대리에게 물어봤으면 아주 손쉽게 해결될 수도 있는 문제였다. 늘 친절한 대리는 어쩌면 자 신이 작성했던 양식 파일을 겨울 씨에게 보내줬을지도 모른다. 그런데 겨울 씨는 왠지 '좀 그래서' 물어볼 수가 없었다. 결국 종일 인터넷을 뒤적거렸지만 업무 형태에 딱 맞는 연간업무계획표 작성 방법을 찾을 수가 없었다. 사실 겨울 씨가 늘 자주 들어가 보는 직장인 커뮤니티에 상황을 설명하면서 도움을 요청하는 글을 올렸다면, 누군가가 알맞은 도움을 주었을 것이다. 그러나 겨울 씨는 그런 글을 올리는 것도 '좀 그래서' 유사한 사례를 계속 찾아 헤매고 있다.

인간은 태생적으로 다른 종에 비해 연약한 존재이기에 서로 의지하며 살아가도록 진화되어 왔다. 특히 업무 상황에서는 제아무리 일을 잘하는 사람이라도 서로 도움을 주고받는 것이 필수적이다. 그러나 겨울 씨와 같은 사람들은 타인과 도움을 주고받는 것에 어려움을 겪는다. 타인에게 도움을 주는 것에는 매우 적극적이지만, 반대로 내가 도움을 받는 것은 매우 꺼려한다. 도움을 주고받음에 이러한 어려움을 겪는 것은 마음에 내면화된 수치심이 자극되어 영향을 받기 때문이다. 이를 이해하기 위해 먼저 과잉 보상과 회피라는 심리학 개념을 간단하게나마 이해할 필요가 있다.

모두에게 잘 보일 필요는 없다

과잉 보상

스스로 불만족스러운 무언가를 보상하기 위해 과도하게 노력함.

회피

스스로 불만족스러운 무언가를 피하기 위해 과도하게 노력함.

가령 작은 키에 대한 콤플렉스를 가진 누군가가 좋은 몸이나 성공에 집착한다면 이를 '과잉 보상'이라고 한다. 혹은 작은 키가 드러날까 봐 신발을 벗어야 하는 식당은 절대 가지 않으려 한다면 이를 '회피'라고 할 수 있다.

사람은 의식적인 이타성과는 별개로 무의식적인 차원에서, 타인을 도울 때면 스스로가 도움을 줄 만한 '강한 사람'이 된 것 같은 느낌을 받는다. 반대로 누군가에게 도움을 받을 때면 도움이 필요한 '약한 사람'이 된 것 같은 느낌을 받는다. 자신을 늘 부적절하게 느끼는 우리는 타인을 도와주는 순간만큼은 이러한 부적절감에서 일시적으로 벗어나는 듯한 느낌을 받는다. 반대로 도움을 받을 때는 더욱더 부적절한 존재가 된 것 같은 느낌을 받는다. 그래서 도움을 주는 행동에는 더 집착하고, 도움을 받는 행동은 적극적으로 회피하는 것이다.

겨울 씨의 행동들은 이러한 특성이 아주 전형적으로 나타나는 경우라고 볼 수 있다. 누군가에게 도움을 요청하는 것은 내

부적절감이 공개되는 것, 수치심이 더욱 자극되는 것이기에 정말 웬만하면 도움을 요청하지 않는다. 그래서 도움을 요청하기만 하면 금방 끝날 일도, 인터넷에서 정보들을 찾아 헤매고, 인터넷에서 "도와주세요!"라는 글조차 올리기를 꺼린다.

우리가 도움을 받지 못하는 데는 수치심뿐만 아니라 죄책감의 영향도 크다. 누군가에게 도움을 받았을 때 자연스럽게 느껴질 만한 감정은 감사함이다. 그러나 우리의 삶에서 감사라는 감정은 매우 생소하다. 오히려 이런 상황에서 감사함보다는 부채감을 느끼게 된다. 죄에 대한 책임감을 의미하는 죄책감과 빚에 대한 부담감을 느끼는 부채감은 그 색깔이 아주 비슷하기 때문이다. 그렇기에 누군가에게 도움을 받는 상황을 만들지 않으려 노력하고, 타인과 무엇을 주고받는 것 자체를 꺼린다. 그리고 주변에는 "난 안 주고 안 받는 스타일이야"라고 쿨한 척 말하는 경우도 있다. 분명히 말하지만 이런 것은 스타일이 아니다. 단지 죄책감에 대한 방어일 뿐이다.

모두에게 잘 보일 필요는 없다

8

나는 일하는 게
쉬는 거야

쉬는 것에 대한 불편함

제주도에 갔다 온 현지 씨와 오랜만에 상담실에서 만났다. 현지 씨는 대학 졸업 후 스타트업 회사에 취업했다. 회사와 함께 성장하며 8년간 쉼 없이 일했다. 야근은 기본이고 주말에도 거의 매일 나가 일했던 것 같다. 덕분에 그 기간 동안 회사도 크게 성장했고, 이토록 열심히 일한 현지 씨도 한 달간의 휴가를 받았다. 고대하던 8년 만의 첫 휴가, 그것도 무려 제주도 '한 달 살기'를 하고 온 현지 씨가 잘 쉬고 왔는지 궁금했다.

나   제주도에서 한 달 어떠셨어요?

현지   푸른 바다도 보고, 맛있는 것도 많이 먹고, 여기저기 좋은 데도 많이 가보고 좋았어요. 참, 그리고 거기 있으면서 한 달 동안 자격증을 두 개나 따고 왔어요!

나   네? 자격증이요?

현지   쉬는 것도 하루 이틀이지 며칠 더 지나니까 이렇게 시간 보내는 게 아깝더라고요. 그래서 뭔가를 해야 할 거 같은 마음에 인터넷을 막 찾아보다가…. 뭐, 지금 하고 있는 일이랑은 별 관련 없지만 언젠가 도움이 될 거 같아 자격증을 두 개나 따고 왔어요. 무려 국가자격증!

현지 씨는 자랑스럽게 말했지만 나는 이 상황이 안타까웠다. 그토록 고대하던 8년 만의 첫 휴가에서도 현지 씨는 결국 쉬고 오지 못했다. 무려 제주도까지 가서 자격증을 따고 오다니. 휴식은 편해지기 위해 하는 것인데, 휴식이 오히려 더 불편했던 것이다.

비단 현지 씨뿐만 아니라 정말 많은 사람이 휴식을 어려워한다. 일주일 내내 일과 업무에 치일 때는 주말이 오기만을 손꼽아 기다리지만, 막상 주말이 되고 휴식 시간이 주어지면 어딘가 모를 불편함을 느낀다. 가만히 쉬면서 시간을 보내다 보면, 왠지 이러고 있으면 안 될 것 같다는 생각에 불안과 우울함을 느낀다. 그래서 굳이 지금 하지 않아도 되는 집안일을 하고, 그다지 흥미가 생기지는 않지만 책장에서 책을 꺼내 본다. 또는 자기개발에

     모두에게 잘 보일 필요는 없다

지나치게 몰두하기도 한다. 휴식 시간을 비생산적이거나 의미 없게 보내면 내 존재 가치가 사라진다고 생각한다. 마치 킬링타임 killing-time을 킬링미killing-me라고 생각하는 것 같다. 그러다 보면 분명히 휴일이었는데 재충전은커녕 평일보다 더 피곤해진다.

왜 이토록 우리는 휴식을 어려워하는 걸까? 학창 시절을 떠올려보면, 분명히 각 반에 최소 한 명씩은 쉬는 시간이나 점심시간에도 쉬지 않고 계속 공부하는 친구가 있었을 것이다(어쩌면 그게 본인이었을 수도 있다). 쉬는 시간에도 공부하는 친구를 볼 때 어떤 생각들이 떠올랐는가? 사실 나는 '재수 없다'라는 생각이 들었다. 그러나 돌이켜 생각하면 마음 한쪽에서는 내심 불안했던 것 같다. '나도 저렇게 해야 하는 건가? 저렇게 하는 게 맞나?' 이런 불안한 마음을 애써 누르기 위해 더 재수 없다고만 생각했던 것이다.

내가 불안했던 것은 마음 깊은 곳에 '열심히 하는 것=바람직함', '열심히 하지 않는 것=부적절함'이라는 신념을 갖고 있었기 때문이다. 이 신념은 선천적으로 가지고 태어난 것이 아니라 우리 사회로부터 전수받은 것이다. 사회적 통념이 개인적 신념으로 학습되었다는 것이다. 따라서 사회에 속한 대부분의 사람은 '휴식'이 존중되는 경험이 부족했다. 열심히 하면 칭찬받지만, 쉬면 비난받는다. 이런 사회적 통념 속에서 '쉬는 것은 나쁘다'라는 신념이 굳건히 자리 잡은 것이다. 그렇기에 대다수가 휴식의 순간에 어느 정도는 불편한 느낌을 받을 수밖에 없다.

우리에게 휴식이 더욱 힘든 것은 자신에 대한 부적절감, 즉 기본적으로 지닌 수치심이 남보다 더 크기 때문이다. 휴식의 순간 느껴지는 다소의 부적절감을 견디기 힘들 정도로, 평소에 이미 쌓여 있는 수치심이 크다는 것이다. 평소에도 늘 스스로가 못마땅했는데, 쉬고 있는 내 꼴을 보니 도저히 마음에 들지 않는 셈이다. 그런 내 모습을 보는 것을 견디기 힘들어하다가, 급기야 쉬는 날임에도 출근하거나 회사 일을 집에서도 이어서 하게 된다. 주변에서 이런 모습에 대해 걱정하는 말을 건네면 "아니야, 나는 일하는 게 쉬는 거야"라고 있어 보이게 답한다.

이렇게 우리는 자신의 휴식을 존중해 주지 못한다. 종일 피터지게 공부하다가 잠깐 숨 돌리는 아이를 혼내는 가혹한 부모처럼, 일주일 내내 일한 자신에게 단 하루의 휴식도 허용하지 못하는 것이다.

모두에게 잘 보일 필요는 없다

2장

나는 왜
강박적으로 남을
배려하게 되었을까?

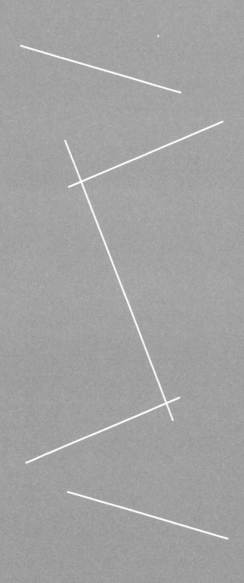

1

기억도 나지 않는 과거를
마주해야 하는 이유

과거의 경험은 성격이 되어
마음에 물든다

누구나 죄책감과 수치심을 느낀다. 그러나 이것이 문제가 되지는 않는다. 오히려 삶에 유익하고, 성장에 도움이 되기도 한다. 어디까지나 그럴 만한 상황에서 느끼는 것이기 때문이다. 가령 운전하다가 실수로 사고를 냈다면 죄책감을 느끼는 것이 당연하다. 이 죄책감은 우리가 상대방에게 진심으로 사과할 수 있게 하고, 앞으로는 더 조심해야겠다는 반성의 기회를 준다. 또한 지난 시험에서 꼴등을 했을 때 느꼈던 수치심은 이번 시험에서 좀 더 열심히 공부하게끔 하는 동기가 되기도 한다. 즉, 죄책감과 수치심은 눈이 부실 때 꺼내 쓰는 선글라스처럼 상황에 맞게 쓰면 나를 보호하고, 더 잘 살 수 있도록 도와주는 감정이라는 것이다.

그러나 선글라스를 24시간 내내, 눈이 오든 비가 오든 항상 쓰고 다니면 문제가 된다. 죄책감과 수치심 자체는 문제가 아니지만 그럴 만한 상황이 아님에도, 만성적으로 너무 강렬하게 죄책감과 수치심을 느끼면 괴로워진다는 것이다. 이를 죄책감과 수치심이 내면화, 혹은 성격화되었다고 표현한다. 성격화가 되었다는 것은 말 그대로, 죄책감과 수치심을 내가 느끼는 감정의 일부가 아니라 '나라는 존재 자체'로 여기는 것을 의미한다. 즉, 나라는 존재의 정체감을 창피한 사람으로 정의하는 것이다.

생각과 감정이 마음에 배는 것: 성격화

내 친구 민철이는 양손잡이다. 재밌는 것은 다른 모든 활동에서는 왼손을 쓰는데, 밥을 먹을 때만은 어김없이 항상 오른손을 쓴다. 이게 너무 신기해서 예전에 왜 그런지 물어본 적이 있는데, 민철이는 이렇게 대답했다. 원래 민철이는 왼손잡이였지만 민철이의 엄마는 아들이 왼손잡이라는 사실이 마음에 들지 않았다. 그래서 민철이를 오른손잡이로 바꾸기 위해 부단히 노력했는데, 특히 밥을 먹을 때 왼손을 쓰면 항상 혼을 냈다. 처음에는 오른손을 쓰는 게 너무 어색했지만 혼나지 않기 위해 어쩔 수 없이 오른손을 쓸 수밖에 없었다. 그러다 보니 언제부턴가 밥을 먹을 때면 굳이 의식하지 않아도 자연스럽게 오른손을 쓰게 되었다

모두에게 잘 보일 필요는 없다

(왼손잡이는 고쳐야 하는 것이 아니지만, 내가 어렸을 때는 안타깝게도 이런 경우가 많았다).

　민철이의 오른손처럼 반복된 행동을 통해 습관이 몸에 배도록 하는 것을 '체화'라고 한다. 체화가 어떤 행동이 몸에 배는 것이라면, 성격화는 생각과 감정이 마음에 배는 것을 의미한다. 민철이가 밥을 먹을 때면 굳이 의식하지 않아도 자연스럽게 오른손을 쓰는 것처럼, 마음에 배어버리면 굳이 의식하지 않아도 모든 삶의 순간에서 항상 그 생각과 감정이 함께한다. 민철이가 양손잡이가 된 것은 반복적인 꾸지람에 노출되었기 때문이다. 죄책감과 수치심이 성격화되었다는 것은 지금까지의 삶에서 죄책감과 수치심을 느낄 만한 경험들에 그만큼 반복적으로 많이 노출되었다는 것을 의미한다.

과거의 경험은 현재의 나에게
어떻게 영향을 미치는가

　과거가 현재에 영향을 미친다는 것은 분명한 사실이다. 1년 전 늦은 밤, 유혹을 참지 못하고 치킨을 시켜 먹었다는 사실은 오늘의 내가 다이어트를 결심하는 데 분명히 영향을 미쳤을 것이다.

　어제 회사에서 맡은 업무를 제대로 하지 못해 상사에게 혼난 경험도, 2년 전 소개팅에서 만취해 횡설수설하고 집에 와서 이불 킥을 했던 경험도 분명히 지금 당신에게 영향을 미칠 것이다. 그러나 이런 몇 번의 경험들만으로는 절대 '성격화'가 되지는 않는다. 더 어린 시절에, 더 강렬하고, 더 반복적으로 이런 경험들을 했을 때 죄책감과 수치심이 성격화된다.

심리상담은 그 사람의 마음속에 배인 것들을 함께 살펴보는 시간이다. 그렇기 때문에 상담실에서는 자연스럽게 과거를 많이 탐색하게 된다. 조현 씨는 어린 시절의 기억을 묻는 나에게 고개를 가로저으며 이렇게 물었다.

"저는 어린 시절의 기억이 잘 나지 않아요. 정확하지도 않고요. 그런데도 그때의 경험들이 그렇게 중요한가요? 돌이켜보면 어린 시절 힘들었던 경험이 있긴 있었지만, 그건 이미 충분히 극복했어요. 그래서 그때의 경험은 지금의 저에게 영향을 주고 있지 않아요."

나는 조현 씨에게 이렇게 되물으며 대화를 이어갔다.

"오늘은 상담 오시기 전에 저녁 뭐 드셨어요?"

"여기 건물에 있는 가게에서 간단하게 샌드위치를 사 먹었죠."

"오늘 그 메뉴를 고른 이유가 있나요?"

"지난주 상담 올 때 한 번 사 먹어봤는데 맛있더라고요."

"지난주의 기억이 오늘의 조현 씨에게 영향을 미쳤네요."

"그렇죠."

"어쩌면 지난주에 샌드위치를 사 먹었던 건 그 전주에 상담

모두에게 잘 보일 필요는 없다

왔을 때 너무 배가 고파서 힘들었던 기억이 영향을 줬을 수도 있고요."

"기억은 안 나지만 그럴 수도 있겠네요."

"저도 조현 씨처럼 며칠 전에 먹은 메뉴는 생각이 나지만, 다섯 살 때의 제 경험은 기억이 나지 않아요. 그러나 다섯 살 때의 저는 네 살 때의 기억이 남아 있었을 거예요. 여섯 살 때의 저는 다섯 살 때의 기억이 남아 있었을 거고요. 초등학교 1학년 때의 저는 유치원 시절의 기억이 있었을 거예요. 그렇게 기억은 계속 누적되면서 연속적으로 영향을 미쳐요. 어제의 내가 오늘의 나를 만들고, 오늘의 내가 내일의 나를 만들죠."

여기 한 갓난아기가 있다. 아기는 어느 날 배가 고파서 큰 소리를 내어 울었다. 그러자 울고 있는 입에 따뜻한 젖병이 물려졌고 아기는 만족스러웠다. 너무 졸린 아기가 큰 소리를 내어 울자, 엄마가 아기를 잠들기 딱 좋은 온도로 감싸 안고, 따뜻한 목소리로 자장가를 불러주었다. 그런 따뜻하고 만족스러운 기억을 가지고 유치원, 초등학교에 간 아이는 더 당당하고 씩씩할 수 있었다. 이 아이에게는 타인과 세상은 매우 우호적이고 따뜻한 것이기 때문이다. 아이는 자신이 경험한 따뜻함을 자연스럽게 주변에도 나눠주었다. 당연히 주변 친구들과 선생님들도 이러한 모습을 좋아할 수밖에 없기에, 아이의 따뜻함과 만족스러운 기억은 더욱 짙어진다. 스스로 자신을 사랑받을 만한 사람이라고 생각하게 된다. 이 기억으로 성인이 된 아이는 자기가 맡은 일에도 자신감이 있다. 조금 못하거나, 실수하면 속상하기는 하지만 금세 '다음에 잘하면 되지'라는 생각이 든다. 내가 이 정도 잘못이나 실수를 한다고 해도 타인과 세상은 여전히 나에게 따뜻한 곳이라고 생각하기 때문이다.

여기 다른 갓난아기가 있다. 이 아기가 배가 고프거나 졸려서 큰 소리를 내어 울 때면, 아기에게 돌아온 것은 따뜻한 손길이 아니라 "시끄러!"라는 날카로운 목소리였다. 이 차갑고 무서운 기억을 가진 아이에게 타인과 세상은 내 편이 아니었다. 유치원, 초등학교에 올라간 아이는 늘 주변을 경계했다. 하고 싶은 말이 있어도 잘 표현할 수 없었다. 말해봤자 사람들은 내 편이 아니기에 들어줄 리도 없고, 되려 날카롭고 차가운 반응이 돌아올 수도 있다는 것을 마음이 기억하기 때문이다. 성인이 된 아이는 다행스럽게도 업무적으로는 뛰어난 사람이 되었다. 그러나 잘하고 있으면 못할까 봐 불안하고, 잘못하거나 실수하면 세상이 무너진 것처럼 좌절했다. 이렇게 좌절한 순간에도 누군가에게 기댈 수 없었다. 내가 울 때 타인이, 세상이 나를 따뜻하게 감싸줄 것이라는 기대를 하지 못하기 때문이다.

이렇게 과거의 경험들은 기억으로 누적되며 새로운 경험에 영향을 준다. 그리고 이렇게 겹겹이 쌓여나가는 경험들은 나의 마음에 점점 짙게 배인다.

모두에게 잘 보일 필요는 없다

우리 마음을 작동하는 3개의 톱니바퀴:
성격의 구성요소

과거 경험들은 우리의 성격personality에 영향을 미친다. 또한 이 성격이 어떻게 작동하고 있는지에 따라서 현재 삶이 더 행복해질 수도, 반대로 불행해질 수도 있다. 즉, 일반적으로 과거의 경험이 현재의 어려움에 직접적으로 영향을 미치는 것이 아니다. 과거의 경험은 우리 성격을 변화시킴으로써, 현재 겪고 있는 어려움에 영향을 미친다. 그런데 이 성격이라는 것이 참 익숙하지만 모호한 개념인지라 성격이 무엇인지에 대해 조금 정리해 볼 필요가 있겠다.

우리 마음에는 생각, 감정, 행동이라는 세 개의 톱니바퀴가 있다. 이 톱니바퀴들의 작동 방식을 일컬어 '성격'이라고 말한다. 세 개의 톱니바퀴는 서로 영향을 준다. 즉 생각하는 방식에 따라 감정이 달라지고, 감정에 따라 행동이 달라진다. 그리고 또 행동 방식에 따라 생각이 달라진다. 가령 우울한 사람의 특징 중 하나는 미래에 대해 비관적인 생각을 많이 한다는 것이다. 그러다 보면 해봤자 안 된다는 생각에 미래를 준비하거나 자신을 계발하기 위한 행동을 하지 않게 된다. 또한 우울하고 불안한 감정을 많이 느끼게 되고, 이는 또다시 부정적 생각과 무기력한 행동으로 이어진다. 이렇게 생각과 행동, 감정의 톱니바퀴는 끊임없이 작동하며 서로가 서로에게 영향을 미친다(성격장애personality

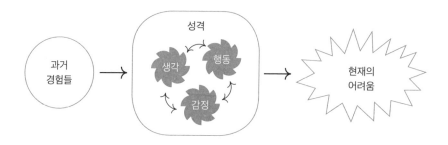

disorder는 세 개의 톱니바퀴가 정상적으로 작동하지 않는 사람을 의미한다). 죄책감과 수치심이 성격화되었다는 것은 이 톱니바퀴들이 죄책감과 수치심을 더 많이 느끼는 방식으로 작동한다는 것을 의미한다. 내가 잘못한 것만 같다는 생각이 자주 들고(생각), 그래서 죄책감과 수치심을 많이 느낀다(감정). 그래서 자꾸만 숨게 되고, 자기 모습을 검열하게(행동) 되는 것이다.

친구 민철이가 타고나길 왼손잡이였던 것처럼, 세 개의 톱니바퀴 역시 태생적으로 사람마다 모양이 조금씩 다르다. 이를 기질temperament이라고 한다. 그리고 삶의 경험 속에서 톱니바퀴의 모양과 크기도 변하고, 작동 방식도 바뀌게 된다. 이러한 변화는 평생 일어나지만, 성인이 된 이후부터는 그 변화의 폭이 미미하다. 상당 부분 성인이 되기 전에 성격이 형성된다는 것이다. 성격 발달의 결정적 시기critical period는 학자나 이론마다 조금씩 강조점이 다르다. 유아기, 아동기를 강조하기도 하고 청소년기를 강조하기도 한다. 그러나 모두 공통적으로 성인기 이전의 경험들

모두에게 잘 보일 필요는 없다

이 성격 발달에 결정적인 역할을 한다고 말한다.

따라서 죄책감과 수치심이 성격화되었다는 것은 어린 시절의 반복된 경험들에서 원인을 찾아볼 수 있다. 이 반복된 경험들이 항상 같은 일을 겪었다는 것이 아니다. 서로 다른 상황이더라도 결과적으로 비슷한 감정, 즉 수치심과 죄책감을 불러일으키는 경험이 반복되었다는 것이다. 어떤 과거의 경험들이 죄책감과 수치심을 이토록 마음에 깊게 배이게 하는 것일까?

2

아이인데 어른이
되어야 했던 경험

일찍 철들어야 했던 이유

지현 씨는 친구들 사이에서 '강디'로 불린다. 지현 씨의 성인 '강'과 '간디'를 합친 별명이다. 그만큼 친구들 사이에서 지현씨는 언제나 따뜻하게 친구들을 보살피고, 든든하게 지켜주면서 사랑을 실천하는 캐릭터로 통한다.

지현 씨처럼 인간관계에서 자꾸만 '돌보는 역할'을 하는 사람이 많다. 친구의 직장 생활에 대한 하소연을 늦은 새벽까지 들어주다가 다음 날 출근할 때 곤욕을 치르기 일쑤고, 회사에서는 자신의 업무가 많아서 야근하는 것이 분명한 상황임에도 동료의 일까지 대신 떠맡아 도와주기도 한다. 친구나 애인이 뭔가를 부탁하면 거절하기 힘들고, 심지어는 부탁하기도 전에 먼저 알아서

모두에게 잘 보일 필요는 없다

그 친구가 힘들어하는 부분을 찾아 도와준다. 내가 거하게 한턱 쏠 때는 마음이 편한데, 친구에게 커피 한잔 얻어 마시는 것은 왜 인지 모르게 마음이 불편하다. 집에서는 누가 시키지도 않았는데 알아서 집안일을 도맡고, 부모님이 싸울 때면 항상 중재하는 역할을 한다. 그러고 나서는 엄마가 당신의 인생을 푸념하는 이야기를 몇 시간 동안이나 들어주고 위로한다. 주변 사람을 향한 이들의 배려와 희생의 스토리를 상담실에서 듣다 보면 세상 모든 사람을 돌보는, 마치 '만인의 부모'처럼 보이기도 한다.

상대방을 돌보는 관계가 편한 사람들

이들은 보통 주변에서 인기가 많고 따르는 사람이 많다. 착하다, 배려심이 넘친다는 이야기를 많이 들으며 지현 씨처럼 '좋은 사람'으로 통한다. 이토록 나를 챙겨주고 돌봐주는 사람을 어떻게 싫어할 수 있겠는가. 지현 씨는 사람들의 이런 긍정적인 평가를 들으면 마음이 뿌듯하다.

그런데 몇 가지 문제점이 있다. 누군가가 내 도움을 거부하거나, 혹은 아무리 봐도 도무지 내가 도와줄 만한 구석이 없는 사람을 만날 때면 묘한 불편함을 느낀다. 이 사람과의 관계는 뭔가 어색하고 친해지기 어렵다. 그래서인지 주변에는 나에게 의지하는 사람은 많은데, 내가 의지할 만한 사람은 한 명도 남아 있지 않는다.

그리고 인간관계에서 왠지 모를 불안감을 느낀다. 뭔가를 하지 않으면 이 관계가 깨지지 않을까 하는 두려움을 갖고 있다. 그래서 자꾸만 뭔가를 하는데, 그것은 상대방을 도와주거나 배려 또는 희생하는 행동이다. 그렇게 행동하고 상대방이 고마워하면 이 관계가 단단해진 것 같아 안심이 된다. 그러나 금세 다시 불안해지기 때문에 '내가 뭐 해줄 게 없는지' 고민하고 움직이느라 늘 몸과 마음이 분주하다. 그러다 보면 문득문득 '내가 뭘 하고 있는 거지?', '내가 왜 이렇게까지 하는 거지?', '왜 나만 이러고 있는 거지?'라는 생각이 들며 허무함이 찾아오지만 도저히 멈출 수가 없다.

부모화: 분명 아이인데 어른이 되어야 했던 경험

상담심리학에서는 '부모화'라는 개념이 있다. 부모화는 부모와 어린 자녀와의 관계에서 서로의 역할이 반전되는 것을 의미한다. 쉽게 말하면 자녀가 부모 노릇을 한다는 것으로, 성장기의 자녀들이 발달적, 정서적으로 부모 혹은 성인의 역할을 할 수 있는 준비가 되어 있지 않음에도, 그러한 역할과 그에 수반되는 과도한 책임이나 돌봄을 오랜 시간 떠맡는 경험을 의미한다.

정상적인 부모와 자녀 관계에서 서로에게 기대되는 역할은 부모는 물리적, 정서적 돌봄을 제공하는 것이고, 자녀는 그 돌봄을 받는 것이다. 그런데 어떤 가정에서는 돌봄을 제공받아야 할 어린 자녀가 부모, 나아가 다른 가족을 돌보곤 한다. 부모화는 두 가지 양상으로 나타난다.

도구적 부모화instrumental parentification

어린 나이의 자녀가 설거지, 청소, 세탁 등의 가사 업무나

아픈 부모 및 동생 돌보기 등과 같은

가족이 물리적으로 유지되고 지탱되기 위해 필수적인 기능적

작업에 대한 책무를 떠맡도록 강요받은 것.

정서적 부모화emotional parentification

어린 자녀가 가족을 보호하고 절친한 친구, 동료, 동반자 같은

역할을 수행하며 가족의 갈등을 중재하고,

지지하거나 양육하는 역할과 위로하기 등 아동이 가족의

정서적 욕구를 충족시키는 것에 대한 책임을 떠맡는 것.

늦게 집에 들어오는 부모님을 대신해 어린 동생의 밥을 차려주고 설거지를 한다. 부모님이 퇴근하고 집에 왔을 때 편히 쉬었으면 하는 마음에 빨래도 돌리고 청소도 해놓는다. 몸이 힘들긴 하지만, 부모님이 기쁜 표정을 드러내며 "다 컸네. 역시 너밖

에 없어. 네가 있어서 든든해"라는 말 한마디를 하면 몸이 힘든 것도 금방 잊어버린다. 가끔 부모님이 싸우면 거실에 있는 아빠와 안방에 있는 엄마의 사이를 오가며 향단이와 방자가 되어 서로의 이야기를 듣고 전달해 주기도 한다. 사실은 부모님이 싸우는 모습을 보면 짜증도 나고 무섭기도 하지만, 어떻게든 화해시키는 것이 자신의 임무라고 생각한다.

반대로 나는 부모님에게 돌봄받을 필요가 없도록 행동한다. 흔히 말하는 '알아서 잘 크는 아이'가 된다. 일상생활에서 잘 모르거나 곤란한 일이 일어나면 굳이 부모님에게 도움을 요청하지 않고 인터넷을 찾아보고 알아서 해결한다. 공부를 열심히 하는 이유는 다른 친구들처럼 좋은 대학에 가기 위해서가 아니라, 부모님이 걱정할 필요가 없게 하기 위해서이다.

갖고 싶은 물건이 있어도 굳이 사달라고 하지 않는다. 부모님에게 부담을 주고 싶지 않기 때문이다. 물론 가끔은 선물을 사달라고 할 때도 있다. 하지만 내가 갖고 싶은 것보다 훨씬 작은 선물을 사달라고 한다. 부담은 주지 않되, 자식에게 뭔가를 선물하는 기쁨은 주고 싶기 때문이다.

부모화된 아이들의 이러한 모습은 비단 가족 내에서만 나타나는 것이 아니다. 이러한 모습은 친구들, 선생님, 다른 어른들과 같은 가족 밖 인간관계에서도 재연된다. 친구들 사이에서도 친구가 원하는 것을 잘 맞춰주고, 갈등이 생기면 중재자의 역할을 한

모두에게 잘 보일 필요는 없다

다. 친구가 나에게 기분 나쁘게 굴어도 내가 먼저 갈등을 만들지는 않는다. 수업 시간에는 선생님과 열심히 눈을 맞추며 고개를 끄덕거리는 역할을 한다. 때로는 학급에서 반장이나 회장 같은 역할을 맡아서 선생님의 어려움을 덜어주기도 한다.

'어른스럽다'는 칭찬이 아니다

부모화 경험이 많은 아이들은 참으로 어른스럽다. 그렇기에 주변 사람들에게 '어른스럽다'는 칭찬을 정말 많이 듣는다. 아이들은 이런 칭찬을 들으며 더욱 어른스러워지려 애쓴다. 그런데 근본적으로 생각해 보자. 어른스럽다는 말이 칭찬이 맞을까?

'어른의 삶'은 내 욕구만큼 (혹은 그 이상으로) 타인과 사회의 욕구를 충족해 주며 사는 삶이다. 상사에게 갑자기 욕을 먹어서 울고 싶고 소리 지르고 싶지만, 꾹 참고 주간 업무를 보고해야 한다. 기분이 날아갈 듯 좋아도 표정을 숨기고, 겸손한 척해야 한다. 그것이 사회적 미덕이니까. 배가 등가죽에 붙을 것 같이 배가 고파도, 사회적 기준을 충족하기 위해 꾹 참고 쫄쫄 굶는다. 더 나아가, 내가 밥 한 끼 굶더라도 내 자식에게는 맛있는 것을 사 먹인다. 이렇게 어른들은 자신의 욕구를 희생하는 삶을 살아간다. 스무 살부터 어른이라고 하고, 요즘은 100세 인생이라고 하니 80년은 이런 삶을 살아가야 한다는 것이다.

그러나 태어나서부터 20년 동안의 삶, 그러니까 '아이의 삶'은 어떠한가? 나는 가끔 배가 고프다고 목청껏 우는 어린이를 보면 부러운 마음이 든다. 어제저녁에 배가 고픈데 치킨을 시킬까 말까, 치킨을 시키면 살이 얼마나 찔까, 이번 달 생활비는 얼마나 남았지 등 수십 가지 경우의 수를 고민했던 어른인 나의 삶과는 너무나도 다른, 얼마나 자연스러운 삶의 모습인가 싶다.

아이는 커가면서 조금씩 사회화가 되지만, 그럼에도 아이의 삶은 자신의 욕구를 표현하고 충족하는 것이 비교적 허용된다. 왜? 아직 아이니까. 100세 인생에서 이렇게 내 욕구를 먼저 고려하는 아이로 살 수 있는 시기는 20년밖에 되지 않는다. 그렇기에 그 시기는 정말 너무나 소중하고 귀한 시간이다. 심리학에서는 이 시기를 결정적 시기라고 표현하며, 각종 상담 이론에서도 어린 시절의 경험을 중요하게 여기는 것도 이런 이유이다. 그런데

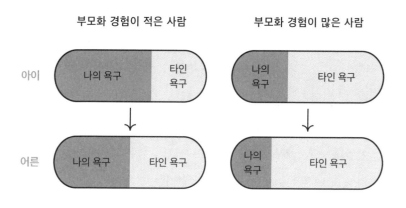

모두에게 잘 보일 필요는 없다

부모화된 아이들은 아이의 삶을 살 수 있는 이 소중한 시기에 이미 어른의 삶을 산다.

이런 사람들은 아이일 때 '이른 어른'이 되어서인지, 진짜 나이가 먹고 어른이 되었을 때는 '너무 어른'이 되어버리는 것 같다. 보통 아이의 삶에서는 '내 욕구 〉 남 욕구'가 자연스럽고, 보통 어른의 삶에서는 '내 욕구=남 욕구'가 자연스럽다. 그런데 부모화 경험이 많은 어른, 그러니까 너무 어른이 되어버린 사람은 '내 욕구 〈 남 욕구'의 형태를 자연스럽게 느낀다.

자기 돌봄 욕구를 억압한 결과

안타까운 점은 부모화 경험이 많은 사람은 스스로 어른스러운 모습을 보이지 못했을 때, 죄책감과 수치심을 느낀다는 것이다. 이들은 이타적인 모습을 하면 좋은, 그러나 안 해도 큰 문제는 없는 '미덕'이 아니라 반드시 지켜야 하고, 지키지 않으면 큰 벌을 받는 '법'처럼 여긴다. 그렇기에 남을 돌보지 않을 때, 내 감정에 충실할 때, 남의 욕구보다 나의 욕구를 먼저 고려할 때, 즉 남을 위해 살지 않을 때 스스로 죄책감과 수치심을 반복적으로 느낀다.

그런데 인간은 본질적으로 온전히 남을 위해서만 살 수 없다. 인간이라면, 아니 모든 생명체에게는 타인을 위한 선택보다 본인을 위한 선택을 하는 것이 사실은 더 본능적이고 자연스럽다. 그것이 생존에 유리하기 때문이다. 이는 제아무리 부모화 경험이 많은 사람이라도 인간인 이상 마음 한편에 항상 가질 수밖에 없는 기본 욕구라는 것이다. 우리가 항상 느끼는 식욕, 수면욕 같은 것과 마찬가지이다. 때가 되면 배가 고프고 잠이 오듯, 남보다 나를 챙기는 것이 자연스러운 상황이 오더라도 이들은 이 욕구를 부적절한 것으로 느끼기 때문에 자꾸만 자신을 억압한다. 인간의 기본 욕구는 그것이 무엇이든 너무 억압하면 문제가 생긴다. 안 자고, 안 먹으면 각종 질병이 생기는 것이 당연하다. 마찬가지로 이들이 억압한 자기 돌봄 욕구의 결과는 바로 죄책감과 수치심이 마음에 짙게 물드는 것이다.

아직도 어른스럽다라는 말이 칭찬으로 들리는가? 다시 한번 말하지만 '어른스럽다'는 말은 칭찬이 될 수 없다. 어쩌면 당신의 마음속에 칭찬으로 남아 있는 '어른스럽다'라는 말이 당신이 자신을 돌보지 못하도록 방해하고 있을지도 모른다.

모두에게 잘 보일 필요는 없다

아래는 그레고리 유르코빅Gregory Jurkovic 이 개발한 부모화 테스트이다. 이 질문지를 통해 본인, 혹은 자녀의 부모화 경향성을 점검해 보면 도움이 될 수 있다.

자녀를 대상으로 검사를 실시한다면, 자녀의 현재 경험에 대해 스스로 답할 수 있도록 안내해 준다. 본인의 부모화 경향성을 점검해 보고 싶다면, 과거 성장 과정에서의 내 모습을 떠올리며 답변한다.

문항	그렇다	아니다
1. 우리 가족은 늘 내게 본인의 문제를 가지고 온다.		
2. 때로는 가족이 나에게 본래 내가 할 일보다 더 많은 것을 기대하고 있다고 느낀다.		
3. 가족에서 아이가 아닌 어른으로 취급(부모의 역할)된다고 느낀다.		
4. 가족에서 중재자 역할을 자주 하게 된다.		
5. 다른 가족들이 모르는 희생을 할 때가 종종 있다.		
6. 부모가 의지할 수 있는 유일한 대상이 나라고 종종 느낀다.		
7. 특별한 사건이 없음에도 자주 우울함을 느낀다.		
8. 가족원들 중에서 다른 누구보다도 내가 가장 잘 다룰 수 있는 가족원이 있다.		

문항	그렇다	아니다
9. 나는 가족의 돈/재정을 관리하는 데 매우 적극적이다.		
10. 나는 부모님이 걱정하실 필요가 없을 정도로 집안일을 열심히 한다.		
11. 나는 우리 집안의 문제가 잘 풀리지 않을 때 마음이 매우 불편해진다.		
12. 종종 내 감정은 가족 내에서 고려되지 않는 것 같다.		
13. 가족의 휴가나 여가 활동을 대부분 내가 먼저 제안하고 추진한다.		
14. 나는 우리 가족에게 위기 상황이 생기면 정말 최선을 다한다.		
15. 우리 집은 내가 더 보태지 않아도 될 만큼, 이미 문제가 충분히 많다.		
16. 가족원 중 누군가 화가 나면, 나는 거의 어떤 식으로든 관여한다.		
17. 나는 종종 가족 내에서 어떤 일을 부탁받을 때 화가 난다.		
18. 나는 나보다 나이가 많은 사람과 함께 있는 것을 더 좋아한다.		
19. 나는 가족원들 중 누군가를 신체적으로 돌보는 일을 책임지는 경우가 잦다.		
20. 내 나이에 비해 어른스럽다는 말을 자주 듣는다.		
21. 대부분의 일은 내가 책임져야 할 일인 것 같다.		

출처:fatherly

'그렇다'라고 응답한 개수 기준 :

1~5개: 약간의 부모화 경향성

6~10개: 중간 수준의 부모화 경향성

11~15개: 상당 수준의 부모화 경향성

16개 이상: 부모화된 자녀

아이를 수치스럽게 만드는
부모의 양육 방식

과보호, 과통제, 비일관적
양육이 나에게 미친 영향

지인 결혼식에 갔다가 밥을 먹으려고 피로연장으로 이동했다. 앉을 자리가 없어서 두리번거리다가 어떤 가족이 앉은 테이블에 합석하게 되었다. 어린 남자아이와 부모, 할머니가 같이 식사 중이었다. 아이는 씩씩하게 혼자 이런저런 음식을 야무지게 담아 왔다. 만족스러운 표정이었다. 그런데 자리에 앉은 아이 앞에 엄마가 샐러드가 가득 담긴 접시를 내려놓으며 말했다. "항상 채소 먹어야 된다고 했지. 샐러드 먼저 먹고 네 접시 음식 먹어." 아이는 눈살을 찌푸리면서 채소를 입에 욱여넣었다. 잠시 뒤 아이가 음료를 가지고 왔다. 이번에는 아빠가 말했다. "탄산 먹으면 몸에 안 좋다고 했지. 가서 물이나 주스 떠 와". 아이는 뾰로통한 얼굴로 오렌지 주스를 떠 오면서, 함께 먹을 쿠키도 담아왔다. 아이가 자리에 앉아 주스가 담긴 컵을 잡으려는 순간 할머니가 아이의 손을 탁 치며 말했다. "손 닦고 먹어야지." 콜라를 앞에 놓고 갈비찜을 양손으로 뜯고 있던 나는 괜히 옆에 있던 티슈로 손을 한 번 닦고, 다음 접시를 가지러 가는 척 자리에서 일어났다.

그 순간 내 마음에서 일어난 감정은 수치심이었다. 짧은 순간이지만 '저 가족들은 나를 어떻게 볼까? 나는 분명히 저 아이의 교육에 안 좋은 예로 쓰이겠지?'라는 생각이 들었다. 어쩌면 내가 떠난 후 아이에게 "아까 저 삼촌 봤지? 너 계속 그런 거 먹으면 저 삼촌처럼 뚱뚱해지는 거야"라고 말할지도 모른다.

내가 이 정도인데 그 아이는 얼마나 창피했을까? 어린 꼬마 아이는 사람도 많고 정신없는 피로연장에서 스스로 음식을 담아 왔다는 것에서 자부심을 느끼고 있었을 것이다. 그러나 그 자부심은 엄마와 아빠, 할머니에게 차례대로 삼진 아웃이 되어버렸다. 자신 있게 준비한 프로젝트가 혹평을 받았을 때처럼 아이는 큰 좌절감과 수치심을 느꼈을 것이다. 마음 같아서는 아이에게 몰래 다가가서 "이렇게 사람이 많은 곳에서 혼자 이걸 다 담아 온 거야? 대단하네!"라고 말해주고 싶었다.

모두에게 잘 보일 필요는 없다

아이에게 신세계가 시작될 때

발달심리학자이자 정신분석학자인 에릭 에릭슨Erik H. Erikson
은 심리 사회적 발달 이론을 통해 인간의 생애를 8단계로 나누
어 제시했다. 그리고 각 단계마다 성공적인 적응을 위한 과업이
있으며, 이 각각의 과업의 성공 여부에 따라 성격 형성에 긍정적
또는 부정적 영향을 미친다고 했다.

단계	연령	적응	↔	부적응
1	0~1세	신뢰	↔	불신
2	1~3세	자율성	↔	수치심
3	3~6세	주도성	↔	죄책감
4	6~12세	근면성	↔	열등감
5	12~18세	자아 정체감	↔	역할 혼돈
6	18~35세	친밀감	↔	고립감
7	35~55세	생산성	↔	침체
8	55세~	자아 통합	↔	절망감

2~4단계를 살펴보자. 2단계 즈음부터 아이는 본격적으로
걷기를 시작한다. 행동할 수 있는 반경이 넓어지고 자기 몸을 어
느 정도 스스로 통제할 수 있다. 1단계까지는 배가 고플 때 할 수
있는 거라곤 누워 있는 자리에서 울고 칭얼거리는 것밖에 없지

만, 2단계부터는 엄마 앞으로 걸어가서 칭얼거릴 수도 있고, 좀 더 단계가 올라가면 손으로 음식을 집어 먹거나 밥을 달라고 말할 수도 있다. 즉, 이전 단계까지는 모든 삶의 경험을 양육자를 통해서 해야 했지만, 여기서부터는 스스로 삶의 경험을 만들어나갈 수 있다는 것이다. 아이에게는 정말이지 신세계가 열리는 셈이다.

좋은 부모는 이 단계에서 아이가 자유롭게 스스로 세상을 탐색하고 경험해 보도록 양육한다. 아이에게 다양한 경험과 도전을 주고, 스스로 부딪히도록 기다려준다. 그리고 이러한 아이의 도전 자체를 격려하고 지지한다. 이런 경험이 성공적으로 반복되면 아이는 '나는 뭔가를 스스로 자유롭게 할 수 있는 사람이구나'라는 자신에 대한 믿음을 얻게 된다. 또한 '이 세상은 내 뜻을 펼칠 수 있는 안전한 곳이구나'라는 세상에 대한 믿음도 갖게 된다. 그렇게 2~4단계에서 자율성, 주도성, 근면성과 같은 요소들을 경험하면 5단계에서 긍정적인 자아 정체감을 갖게 되는 것이다.

불행하게도 어떤 부모들은 미숙하지만 자유로운 아이의 도전을 기다려주지 못한다. '아이는 도움이 필요한 존재니까 내가 도와줘야 해'라는 생각에 아이의 서투른 숟가락질을 기다려주지 않고, 음식을 한입 크기로 만들어서 입에 쏙쏙 넣어준다. 아이가 옷에 단추를 채우기 어려워한다며 찍찍이로 된 옷만 사준다. 결국 아이는 실패를 통해 배우는 경험을 하지 못한다. 이런 아이들

모두에게 잘 보일 필요는 없다

에게는 "실패는 성공의 어머니다"라는 말이 통하지 않는다. 이들에게 실패는 매우 두려운 좌절일 뿐이다. 어떤 부모들은 도전을 기다려주기는 하지만 자율성을 지나치게 제한하며 통제한다. 마치 '답정너'처럼 아이가 부모의 기대에 맞게 행동할 때까지 '이건 안 되지, 저건 안 되지' 하면서 행동을 제한한다. 파란색 해를 그린 아이 손에 들린 크레파스를 조용히 뺏으며 "해는 파란색이 아니지~"라고 말한다. 누구나 그런 경험이 있겠지만 뭘 해도 계속 지적만 당하면 아무것도 할 맛이 나지 않는다. 이것은 아이도 마찬가지이다. 자꾸만 지적당하고 통제받는 경험을 하다 보면 아이는 스스로 세상을 탐색하고 도전하는 것에 매우 수동적이게 된다. 도전이 적어지니 실제로 뭔가를 성취하는 경험도 적어지고, 점점 또래 아이들과 비교도 된다.

이 아이들에게 세상은 '언제나 좌절되는 두려운 곳', '내 뜻대로 할 수 없는 위험한 곳'으로 인식되는 것이다. 또한 자신에 대해서는 '엄마, 아빠의 도움 없이는 스스로 무엇도 할 수 없는 미숙한 존재', '남들보다 뒤떨어지는 사람'으로 생각하게 된다. 그렇게 죄책감과 수치심, 열등감을 내면화하는 것이다. '무서운 세상 속에서 미숙한 존재로 살아가는 나'는 창피해서 자꾸만 피하고 숨어버린다. 마치 엄마 캥거루의 주머니에 숨은 아기 캥거루처럼 말이다.

안타깝게도 아기 캥거루는 성장해서도 주머니 밖으로 나가지 못한다. 본인에게 주어진 최소한의 일만 하고 새로운 도전을 하지 않는다. 그렇기에 경쟁 사회에서 자꾸만 뒤처진다. 더욱이 요즘 사회에서는 자기 어필이 중요하지만, 아기 캥거루에게 자기 어필이라는 것은 너무나 어려운 과제가 된다. 관계에서도 마찬가지이다. 기존 관계에서는 자꾸만 '을'이 되고, 새로운 관계를 맺는 것에는 소극적이게 된다. 엄마 배 속에 있는 나를 누군가가 찾아주기를 기대하지만, 아쉽게도 그런 일은 일어나지 않는다.

이래라 저래라가 많으면, 이러기도 저러기도 싫어진다

아이의 자율성과 주도성이 중요하다고 해서 무조건 오냐오냐하면서 허용적으로만 양육해야 한다는 것은 아니다. 좋은 부모는 아이에게 적정한 수준의 규칙과 한계를 가르친다. 아이가 네다섯 살이 될 무렵부터는 사회문화적으로 적절한 행동과 부적절한 행동을 가르쳐줘야 하고, 적절하지 않은 행동을 했을 때는 일관된 방식으로 훈육해야 한다. 이 훈육 과정에서 아이는 필요한 수준의 적당한 죄책감을 느끼며, 자신의 행동을 조절해 나갈 수 있다. 거듭 말하지만 적절한 수준의 죄책감은 반드시 필요한 감정이다.

그러나 이 과정에서 문제가 생기는 경우는 두 가지이다. 첫

모두에게 잘 보일 필요는 없다

째, 너무 많은 규칙을 설정하는 경우이다. 지켜야 할 규칙이 많으면 그만큼 규칙을 어길 가능성도 많아진다. 그러면 그만큼 죄책감을 많이 느낄 수밖에 없다. 앞서 소개한 결혼식장 에피소드의 아이만 하더라도 밥 한번 먹는 데 지켜야 할 규칙이 세 가지나 되었다. 채소도 먹어야 하고, 탄산음료는 먹으면 안 되고, 접시를 바꿀 때마다 무조건 손을 닦아야 했다. 같은 자리에 앉아 식사하는 나에게는 저 세 가지 규칙이 없었다. 나는 그런 규칙 자체가 적용되지 않았기에 어길 일도 없었지만, 안타깝게도 아이는 세 가지 규칙 모두를 어긴 셈이 되었다. 아이는 나보다 더 많은 죄책감과 수치심을 경험했을 것이고, 밥맛도 더 떨어졌을 것이다. 아이를 양육할 때 규칙은 반드시 필요한 것만 최소로 적용해야 한다. 이래라 저래라가 많으면, 이러기도 저러기도 싫어진다. 너무 많은 규칙이 설정되는 과통제적 양육을 경험한 아이는 성인이 되었을 때, 자신에게 과도한 규칙들을 설정한다. 어린 시절 그토록 힘들었던 과도한 규칙 설정을 안타깝게도 이제는 스스로 하는 것이다. 그리고 그 규칙을 어기게 되면 자신을 비난하고 창피하게 여긴다.

둘째, 규칙을 비일관적으로 적용하는 경우이다. 이 세상에 존재하는 모든 규칙의 기본은 예상이 가능해야 한다는 점이다. 이는 아이에게 규칙을 가르치고 훈육하는 과정에서도 똑같다. 가령 아이가 화가 났을 때 물건을 집어 던지는 부적절한 행동을 한다면, 그런 행동을 보일 때마다 항상 일관된 방식으로 훈육해야 한다. 부모의 기분이 좋은 날은 "그럴 수도 있지"라면서 넘어가 주고, 기분이 안 좋은 날은 소리를 지르며 혼을 낸다면 아이는 혼란스러워한다. 똑같은 행동이 엄마에게는 허용되는데 아빠에게는 제재당하는 경우도 비슷하다. 이런 경험이 반복되면 아이는 어떤 행동이 적절하고, 부적절한지 알 수가 없어진다. '내가 A라는 행동을 했을 때 B라는 결과가 생길 것이다'라는 믿음을 갖기 어려워진다는 것이다. 그러면 자신의 행동이 적절한지 계속해서 자기 검열을 한다. "털어서 먼지 안 나오는 사람 없다"라는 말이 있다. 이는 자기 검열에서도 마찬가지이다. 반복된 자기 검열은 나의 부적절한 모습들을 계속해서 발굴해 내는 작업이 될 수밖에 없다. 그렇게 부적절감을 축적하며 죄책감과 수치심을 내면화하는 것이다.

비일관적으로 양육된 아이가 성인이 되었을 때 나타나는 가장 큰 해로움은 여러 사회적 상황에서 자신감을 갖기 어렵다는데 있다. 자신감은 단어 그대로 나를 믿는 것을 의미한다. 사회적 상황에서 나를 믿을 수 있으려면, 나의 행동이 타인에게 어떤 영향을 미칠지 어느 정도 예측할 수 있어야 한다. 가령 내가 누군가에게 칭찬을 하면 그 사람의 기분이 좋아질 것이라는 믿음이 있어야 자신 있게 칭찬도 하는 것이다. 또는 누군가에게 뭔가를 요구하더라도 이 관계가 깨지지 않을 것이라는 믿음이 있어야 스스

모두에게 잘 보일 필요는 없다

럼없이 요구할 수 있다. 그러나 어린 시절 비일관적 양육에 오래 노출된 성인은 내 행동이 타인에게 어떤 영향을 미칠지 예측할 수가 없기 때문에 매사에 자신감이 없고 위축될 수밖에 없다.

모성애의 두 얼굴

자녀는 부모의 희생을
바라지 않는다

엄마는 일곱 살 아람이 손을 꼭 붙잡으며 말했다.

"엄마는 너 때문에 사는 거 알지?"

정말로 그랬다. 엄마의 삶의 목적과 이유는 오로지 '딸'이었
다. 엄마는 연애 중 예상치 못한 임신을 하면서 스물다섯 살 어
린 나이에 결혼했다. 물론 걱정도 되었지만 믿음직스럽고 든든한
남자 친구의 태도가 좋았고, 자신과 남자 친구 모두 안정된 직장
을 갖고 있었기에 결혼을 결심했다. 그렇게 결혼을 하고 아람이
가 태어났다. 아이는 너무나 사랑스럽고 하늘이 내려준 축복 같

왔다. 그러나 안타깝게도 아람이는 몸이 조금 약했다. 이른둥이로 태어나서 생후 2주는 인큐베이터 신세를 졌고 이런저런 잔병치레가 많았다. 결국 엄마는 다니던 회사를 그만두고 육아에 전념하기로 한다.

엄마의 신경은 온종일 아람이에게 향했다. 그러다 보니 남편과의 관계도 소원해졌고, 급기야 아람이가 어린이집에 들어갈 무렵에는 남편의 외도 사실을 알게 되었다. 슬프지도 않았다. 믿었던 남편의 배신은 슬픔을 떠나 충격 그 자체였다. 시어머니도, 믿었던 친정 부모님마저도 "살면서 바람 한번 안 피우는 남자 없다. 네가 묻고 가라"라는 태도였다. 더 큰 좌절이었다. 이혼도 생각했지만, 곧 마음을 고쳐 먹었다. 아람이 때문이었다. 몸이 아픈 아람이에게 이혼이라는 마음의 상처까지 주고 싶지 않았기 때문이었다. 현실적으로 경력이 단절되었기에 아이를 키우며 생계를 유지하는 것도 자신이 없었다.

이때부터 엄마의 삶의 이유와 목적은 오로지 '아람이를 잘 키우는 것'이 되었다. 엄마가 입는 옷은 점점 해졌고, 아람이의 옷은 점점 고급스러워졌다. 엄마는 자신의 끼니는 거르더라도 아람이는 좋은 재료로 건강한 음식을 해줬다. 그러면서 남편과의 갈등은 점점 깊어졌고, 주변 친구들과의 관계도 단절되었다. 삶이 괴로웠지만, 그래도 아람이가 건강하게 잘 크는 것을 보면서 위안을 삼았다. 힘들 때면 아람이에게 "엄마는 아람이가 너무 소중해, 엄마는 아람이 때문에 사는 거 알지?"라고 말했다. 아직 아람이는 어렸기에 엄마를 직접 위로해 줄 수는 없었지만, 아람이의 존재 자체가 위로가 되는 느낌이었다.

일곱 살 아람이는 시간이 흘러 스물일곱 살 아람 씨가 되어 상담실을 찾았다. 어떻게 상담을 신청했는지 묻는 나의 질문에 아람 씨가 처음 한 대답은 "사람들이 저를 호구처럼 대해요"였다. 아람 씨가 대인 관계에서 겪는 어려움들을 함께 살펴보면서 마음속에 죄책감과 수치심이 짙게 자리 잡고 있음을 알 수 있었다. 위 내용은 그 과정에서 알게 된 아람 씨 엄마에 대한 이야기 중 일부이다.

누구도 행복해질 수 없는 제로섬게임

가수 god의 노래 〈어머님께〉는 벌써 20년이 지난 곡이지만 "어머님은 짜장면이 싫다고 하셨어"라는 가사를 들으면 아직도 마음이 뭉클해진다. 이렇듯 자녀를 위해 희생하는 부모의 모습은 보통 '모성애', '부성애'라는 단어와 함께 아름답게 묘사된다. 사실 나는 이 가사를 들을 때마다 슬프지만 동시에 마음이 무척 찝찝하다. 부모의 행복을 희생해 일궈낸 아이의 행복은 결코 행복이 될 수 없기 때문이다. 어쩌면 아이에게는 혼자 먹는 짜장면보다 엄마와 함께 먹는 짜장라면이 더 좋았을지도 모른다.

좋은 부모는 자녀를 사랑하고, 자신도 사랑한다. 이런 부모들은 아이의 행복도 중요하지만 이를 위해 자신의 행복을 희생하지 않는다. 자녀의 욕구를 소중하게 여기지만, 동시에 나의 욕구 역시 내팽개치지 않는다.

한편 어떤 부모들은 자녀를 사랑하지만, 자신을 사랑하지 않는다. 이들은 자신의 불행을 자녀의 행복을 통해 보상받으려 한다. 내가 행복해지는 방법은 아이가 행복해지는 수밖에 없다고 생각하기 때문에, 내 삶을 가꾸는 것은 포기하고 자녀의 삶을 가꾸는 데만 온 힘을 쏟는다. 자녀만큼은 무한한 가능성의 삶을 살아가도록 본인의 삶을 희생한다.

그러나 가장 안타까운 점은 부모의 행복이 자녀의 행복을 위해 희생될 때 자녀는 부모에게 '마음의 빚'을 진다는 점이다. 그리고 이 빚을 갚기 위해 자녀도 본인의 행복을 희생한다. 그렇게 서로가 서로의 행복을 위해 희생하지만, 누구 하나 행복해질 수 없는 제로섬게임이 되어버린다.

아람 씨는 엄마와 갈등이 있을 때면 이런 대화들을 주고받는 일이 흔했다고 한다.

"엄마가 너 낳고 키우느라 얼마나 고생한 줄 알아? 네가 어떻게 엄마한테 이럴 수 있어?"

"내가 엄마보고 그러라고 했어? 내가 나 낳아달라 그랬어?"

냉정하게 들릴 수 있지만 사실은 아람 씨의 말이 맞다. 자녀는 자신의 삶을 선택하지 않았을뿐더러, 부모의 희생은 더더욱 강요한 적이 없다. 어떤 자녀도 부모가 불행하길 바라지 않는다. 엄마, 아빠도 행복하고 나도 행복하길 바란다. 그래서 아이도 부모가 불행해 보이면 부모를 행복하게 만들어주고 싶어 한다. 아이가 엄마, 아빠의 행복을 확인하는 유일한 방법은 '기뻐하는 모습'을 보는 것이다. 그리고 그 모습을 볼 수 있는 가장 확실한 방법은 부모의 기대대로 행동하는 것이다. 가령 피아노가 너무 배우고 싶지만, 지난번에 태권도를 배운다고 했을 때 부모의 표정이 어두워졌던 것이 기억난다. 그러면 피아노를 배우고 싶다는 말도 꺼내지 않는다. 오히려 지난번에 시험 성적이 좋았을 때, 엄마와 아빠가 기뻐하던 표정을 떠올리며 '피아노는 무슨 피아노. 공부나 열심히 하자'라고 생각해 버린다. 그렇게 아이는 부모를 실망시키지 않는 것, 부모의 기대를 충족시키는 것이 삶의 미션이 되어버린다.

심리상담에서 자주 쓰는 심리검사 중에 문장완성검사라는 것이 있다. 여러 미완성된 문장을 채워넣는 검사이다. 행복에 대해 묻는 질문에 아람 씨는 이렇게 답했다.

"내가 정말 행복하려면 엄마가 행복해야 한다."

모두에게 잘 보일 필요는 없다

부모에게 마음의 빚을 지고 살아가는 삶

부모에게 마음의 빚을 지고, 그래서 부모의 기대를 충족시키는 것이 삶의 미션이 되었을 때 생기는 문제는 크게 세 가지이다.

첫째, 미션(부모의 기대를 충족시키는 것)에 실패할 때마다 죄책감과 수치심을 경험한다. 시험 성적이 떨어진 아이에게 엄마가 말한다. "넌 공부만 잘하면 돼. 네가 지금 못 할 이유가 뭐야. 엄마, 아빠가 이렇게까지 지원해 주는데." 이런 말을 듣는 아이는 화도 나겠지만, 마음 한편에서 '그러게, 나는 왜 이것도 못하지? 엄마, 아빠가 이렇게까지 해주는데, 난 왜 공부 하나도 제대로 못할까? 내가 공부만 제대로 하면 엄마, 아빠가 행복해질 수 있을 텐데'라는 생각이 든다. 마음의 빚이 더해지고 그만큼 죄책감도 쌓인다. '이것조차' 하지 못하는 나에 대해 창피하고 수치스러운 마음이 생긴다. 이런 마음을 숨기고 싶어서 소리 지른다.

"아! 나도 잘하고 싶다고!"

그러자 옆에 있던 할머니가 한마디 거든다.

"너희 엄마 같은 사람이 세상에 어딨어. 엄마가 너 어떻게 키웠는지 알고도 네가 이렇게 소리를 지르는 거니?"

숨기고 싶었던 수치심이 더 커진다. 사실 아이도 알고 있기 때문이다. 엄마가 얼마나 희생적으로 자신을 키워줬는지를 말이다. 그런데 보답은커녕 엄마의 작은 기대조차 채워주지 못하고, 소리까지 지른 나는 아무래도 불효자인 것 같다. 그렇게 마음의 빚을 또 하나 적립한다.

여기서 한 가지 더 짚고 넘어갈 점이 있다. 희생자의 역할을 하는 부모가 자녀에게 기대를 전달할 때면 보통 "나는 아무것도 바라지 않는다. 네가 ~하기만 하면 된다"라는 표현을 많이 사용한다. 이 표현은 마치 부모의 기대가 별거 아닌 것 처럼 느껴지게 한다. 그런데 사실 '~' 자리에 들어가는 기대들(공부, 행복, 건강, 성공 등)은 대부분 도달하기 어렵거나 기준이 매우 모호한 것들이다. 공부 잘하고, 행복하고, 건강하게 성공한 삶을 사는 것은 누구나 추구하지만 어려운 일이다. 즉, 부모의 기대는 잘 따지고 보면 자녀로서는 매우 충족시키기 어려운 목표라는 것이다. 사실 자녀는 충족하기 어려운 기대를 별거 아닌 기대로 여기게 되고, 그 정도 기대조차 채워주지 못하는 자신에 대해 죄책감과 수치심을 반복적으로 경험한다.

둘째, 부모의 기대를 충족시켜도 죄책감을 느끼게 된다. 아람 씨도 엄마의 기대처럼 좋은 대학에 갔고, 남들이 부러워할 만한 직장을 다니게 되었다. 대인 관계에서 어려움이 있었지만, 그래도 엄마에게 충분히 용돈을 줄 정도로 직업적으로는 안정적인 상태가 되었다. 이제 아람 씨의 바람대로 엄마를 호강시켜 줄 경제적 능력을 갖춘 것이다. 그런데 바람과 달리 엄마는 행복을 누리지 못한다. 아무리 용돈을 많이 드려도 15년 전에 옆집에서 얻어온 낡은 TV를 아직도 쓰는 엄마를 볼 때, 옷을 사러 가도 항상 행사 매장만 기웃거리는 엄마를 볼 때마다 아람 씨는 마음이 답답해서 터질 것만 같다. "아 궁상 좀 그만 떨고 그냥 사라고!"라며 짜증 내고 핀잔을 줘도 엄마는 못 들은 척한다.

자기 행복을 희생해 온 부모는 자기 자신을 행복하게 만드는 법을 잊어버린다. 여전히 불행한 부모를 보는 자녀는 마치 부모의 행복을 자신이 뺏은 것 같은 느낌이 든다. 아무리 봐도 힘들어 보이는 엄마가 "너 때문에 엄마가 사는 거 알지?"라고 할 때 우리 마음은 이 말에 괄호 하나를 추가해서 받아들인다. "엄마가 나 때문에 (이렇게 불행한데도 참고) 살고 있다". 아이러니하게도 자녀가 부모의 불행 원인이 되어버리는 것이다. 부모의 삶을 불행하게 만들었다는 죄책감은 평생 마음의 빚으로 남는다.

셋째, 대인 관계에서 타인에게 자꾸만 희생적인 모습을 보인다. 사람이 태어나서 처음으로 맺는 인간관계는 부모와의 관계이다. 그래서 나와 부모의 관계 패턴은, 내가 이후의 삶에서 타인과 관계를 어떻게 맺어야 하는지에 대한 '기초 자료'가 된다. 따라서 부모와의 관계에서 익숙해진 희생의 패턴은 이후 모든 대인 관계에서의 기본 패턴이 된다. 학교와 직장에서 만나는 사람들, 나아가 나의 결혼 상대, 내 아이와의 관계에서도 자꾸만 희생하는 자신을 발견한다. 이는 아람 씨도 마찬가지였다.

아람 후, 어제는 회식하느라 엄청 피곤했어요. 부장님 옆자리에 앉아서 더 피곤했던 거 같아요.

나 어쩌다 부장님 옆자리에 앉게 됐어요?

아람 다들 못 본 척하면서 옆자리 앉기를 꺼리는 거 같더라고요. 그래서 그냥 제가 앉았죠.

나 아람 씨는 그걸 원했어요?

아람 당연히 싫었죠. 그냥 다른 사람들도 다 싫어하니까 제가 총대 멘 거죠, 뭐.

아람 씨의 총대 메기는 비단 회식 자리에서만이 아니었다. 회사에서 옆자리 직원이 업무 부탁을 하면 본인 일이 아무리 많이 쌓여 있어도 거절하지 않는다. 심지어 상대방이 부탁하지 않아도 곤란해 보이면 먼저 다가가서 "뭐 도와드릴까요?"라고 물으며 일을 나눠 받는다. 본인 일에 나눠 받은 일까지 더해지고, 갑자기 터진 일까지 더해져서 아람 씨 혼자 늦게까지 야근하거나 주말 출근을 하는 일이 부지기수였다. 그럴 때마다 열불이 터졌지만, 사람들에게는 웃으면서 "괜찮아요"라고 말하고, 속으로는 '난 왜 또 이러고 있지?'라면서 자책만 했다. 이런 일들이 반복되다 보니 사람들의 마음속에서 아람 씨는 점점 '만만한 사람'이 되었다. 점점 무리한 부탁을 쉽게 하는 사람, 무례하게 일을 떠넘기는 사람이 생겼다. 어느새 정신 차리고 보니 옆자리 직원의 고정 업무 중 하나가 아람 씨에게로 자연스럽게 넘어와 버리기까

모두에게 잘 보일 필요는 없다

지 했다.

　분명히 아람 씨를 만만하게, 무례하게 대하는 사람들의 태도는 잘못이 있다. 그러나 그들이 아람 씨를 무례하게 대해도 괜찮은 사람으로 여기게 만든 데는 아람 씨의 몫도 있다. 아람 씨의 희생적인 대인 관계 패턴이 그것이다. 엄마의 희생적인 관계 패턴이 그대로 재연되는 것이다. 이렇듯 자녀를 향한 과도한 희생은 자녀가 지나치게 타인 중심적인 인간관계를 맺게 하는 결정적 요인이 된다.

5

아쉬움보다 쪽팔림이
자연스러운 사회

사회 분위기가
죄책감과 수치심에
미치는 영향

　당신은 어떤 테스트에 참여하게 되었다. 테스트가 진행되는
방에는 당신보다 먼저 온 네 명의 참가자가 자리에 앉아 있었다.
당신은 마지막 남은 끝자리에 앉았다. 당신을 포함한 다섯 명의
실험 참가자 앞에는 TV가 놓여 있다. 이윽고 TV가 켜진다.

다음 a~c 중 〈보기〉의 선과 길이가 같은 것을 고르시오.

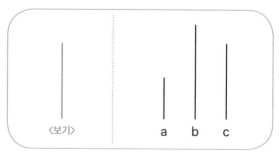

　　　　　　　　　　　　　　　모두에게 잘 보일 필요는 없다

첫 번째 참가자가 정답을 말한다. "정답은 b입니다." 두 번째 참가자도, 세 번째, 네 번째 참가자도 차례로 b를 정답이라고 말했다. 자, 이제 당신 차례가 되었다. 당신은 뭐라고 답할 것인가?

위에서 소개한 테스트는 실제로 미국의 사회심리학자인 솔로몬 애시Solomon Asch에 의해 1951년에 진행된 심리학 실험이다. 이 실험의 이름은 '동조 실험'이다. 바보가 아닌 이상 이 질문의 답이 c임을 알 것이다. 그러나 이 실험에는 비밀이 있다. 미리 방에 들어와 있던 네 명의 참가자는 실험자에게 미리 섭외된 가짜 참가자였다. 이들은 실험 시작 전에 오답인 b를 정답으로 말하라고 지시받았다. 애시가 이 실험을 통해 보고자 한 것은 이처럼 정답이 명백한 상황에서도 다수가 오답을 말할 때, 마지막 다섯 번째 실험 참가자가 어떻게 말할 것인가였다.

실험 결과는 충격적이었다. 전체 실험 참가자 123명 중 94명이 적어도 한 번은 틀린 답을 외쳤다. 이토록 정답이 확실한 문제였음에도 다른 사람의 답변에 동조해 오답을 외친 것이다. 실험이 끝난 후 참가자들에게 틀린 답인 것을 알면서도 그것을 고른 이유를 물었다. 대부분 "제가 잘못 봤을까 봐요" 혹은 "다른 참가자들이 저를 이상하게 볼 것 같아서요"라고 답했다.

이처럼 인간은 주변 분위기에 쉽게 휩쓸린다. 모두가 "예스"라고 할 때, 나 혼자 "노"라고 할 수 있는 것은 광고나 영화에서나 가능한 일이다. 인간은 본질적으로 사회적 동물이기 때문에 사회적 압력 속에서 나의 신념을 지키는 것은 어렵다. 그렇기에 사회문화적 배경은 우리 마음에도 지대한 영향을 미친다.

죄책감과 수치심도 마찬가지이다. 머리로는 내가 아무리 잘못한 게 없고, 잘못된 사람이 아니라는 것을 알아도 주변 공기가 나를 잘못한 사람, 잘못된 사람으로 만들면 나도 결국 그러한 주변 공기에 물들게 된다. 나를 죄책감과 수치심에 물들게 하는 우리 사회의 분위기와 특성들을 좀 더 살펴보자.

결과로 과정을 증명하는 사회

"행동으로 논리를 대변하고, 결과로서 과정을 입증하라."

특수부대 출신 부대원들이 서로의 능력을 겨루는 예능 프로그램에서 위와 같은 문구를 보았다. 엄청난 체격과 탈인간의 힘을 보여주는 사람들이 저런 말을 하니 너무나도 굉장해 보였다. 왠지 나도 저렇게 멋진 생각을 하는 사람이 되고 싶었다. 그런데 이런 동경의 마음과 동시에 마음 한구석에서는 찜찜함이 있었다. 가만 보니 "결과로서 과정을 입증하라"라는 말이 마음에 걸렸다. 정말 결과가 과정을 증명할 수 있을까?

철수는 3년 내내 하루에 네다섯 시간씩만 자면서 자타공인 정말 열심히 공부했다. 그러나 안타깝게도 수능 날 배탈이 나서 시험을 망치고 말았다. 철수의 결과는 실패였다. 그러나 철수의

모두에게 잘 보일 필요는 없다

과정이 과연 실패라고 볼 수 있을까? 이 질문에 '그렇다'고 답할 수 있는 사람은 없을 것이다. 그런데 내가 느끼기에 우리 사회에서는 누군가의 결과가 성공일 때와 실패일 때, 그 과정을 조금 다르게 여기는 것 같다. 성공이라는 결과가 있을 때는 그 과정에 지대한 관심을 갖는다. 그래서인지 성공한 사람의 자기계발서는 불티나게 팔린다. '성공 비결이 뭘까?'라는 관심과 함께 삶의 과정을 최대한 자세히 들여다보려 한다.

그러나 결과가 실패일 때는 다르다. 실패일 때는 과정에 관심을 두지 않는다. 결과가 실패이니, 과정도 당연히 실패였을 것이라고 단정을 짓는다. 정말 결과로 과정을 증명하려 한다. 철수가 수능을 망친 그 순간부터, 배탈이 났다는 어쩔 수 없는 사정이나, 지금까지 열심히 공부해 온 과정은 사람들의 관심 밖이 되어버린다. 그저 '실패자'로 여겨진다. 그리고 어쩔 수 없었던 사정은 핑계가 되고, 과정은 불성실했던 것으로 추론되어 버린다. '떨어질 만하니까 떨어졌겠지'라고 생각한다. 급기야 "몸 관리도 수험생의 능력이다"라는 말도 안 되는 소리를 하기도 한다.

주변에서 이런 말들을 들으면 처음에는 화가 나고 "알지도 못하면서!"라며 반박할 것이다. 적어도 나만은 내 결과가 실패일지라도, 과정은 실패가 아니라는 것을 알기 때문이다. 그렇지만 가랑비에 결국 옷이 젖는 법이다. 처음에는 반박했지만, 점차 주변의 시선에 동화되어 버린다. 결국 철수도 '배가 안 아프게 내가 더 조심했어야 되는데', '내가 좀 더 열심히 공부했어야 했는데' 라고 생각한다. 주변 사람이 나에게 그러했듯, 스스로 나의 과정을 실패로 치부한다. 이처럼 실패에 가혹한 사회문화적 분위기가 우리를 점점 죄책감과 수치심의 늪으로 빠져들게끔 하는 것이다.

'나서봐야 좋을 게 없다'는 경험

초등학생 때 선생님이 칠판에 수학 문제를 하나 적어 놓고는 "나와서 풀어볼 사람?"이라고 했다. 조금 어려운 문제였다. 나는 자연스럽게 선생님의 눈을 피했고, 누구도 선뜻 나서지 못했다. 잠시의 침묵이 흘렀다. 침묵을 깨고 앞으로 나선 것은 민수였다. 민수는 우리 반에서 공부를 제일 잘하던 아이였다. 안타깝게도 민수는 그 문제를 풀지 못했다. 자리로 돌아가는 민수의 뒤통수에 선생님은 이런 말을 했다.

"민수는 풀 수 있을 줄 알았는데, 실망이네."

민수의 빨개진 얼굴이 아직도 기억에 남는다. 나는 그 모습을 보면서 생각했다. '아, 확실히 할 수 있는 게 아니면, 나서봐야 좋을 게 없겠구나.' 그 광경을 목격한 친구들도 나와 비슷한 생각을 하지 않았을까? 나를 포함한 반 친구들, 선생님, 심지어 민수

모두에게 잘 보일 필요는 없다

자신까지 그 순간, 그 공간에 있던 모든 사람 중 단 한 명이라도 민수의 도전 자체에 가치를 둔 사람이 있었을까? 민수는 결과적으로 문제를 풀지 못했지만, 용기 내 도전했다. 그렇지만 민수의 도전은 존중받고 격려받지 못했다. 실패라는 결과에 아쉬워할 틈도 없이 쪽팔림만 경험해야 했다. 자리에 있던 나와 반 친구들도 모두 '실패는 쪽팔린 것'이라고 배우게 되었다. 이 쪽팔림이 곧 죄책감과 수치심이다.

누구나 나처럼 실패를 쪽팔린 것으로 배우는 경험을 해보았을 것이다. 직접적이든 간접적이든 말이다. 조금 자세히 떠올려 보면 한두 번이 아니었을 것이다. 우리는 성과 중심적인 사회에 살고 있기 때문이다. 성과 중심의 사회에서는 성과만 나오면 장땡이다. 반대로 성과가 나오지 않으면 말짱 꽝으로 여겨진다. 학원을 열심히 다녔지만 성적이 오르지 않으면, 그 순간 열심히 다녔다는 과정은 의미가 없어진다. 공무원 시험 준비를 몇 년간 열심히 했지만 떨어졌을 때 주변에서 돌아오는 말은 "그동안 시험 준비하느라 고생했다"가 아니라 "언제까지 공부만 할 거야?"이다. 심지어 취미 생활을 할 때도 '이왕 하는 거 진득하게 해서 자격증이라도 하나 따야지'라고 생각한다. 조금 하다가 그만둔 취미는 어디 가서 말도 못 꺼낸다.

그런데 당연하게도 우리 삶에서는 성공보다 실패의 순간이 더 많고, 성과를 낼 때보다는 내지 못할 때가 더 많다. 아기가 걸음마를 떼는 과정, 젓가락질을 배우는 과정만 하더라도 수많은 실패의 경험이 뒤따른다. 어려운 수학 문제 하나를 풀기 위해서 얼마나 많은 시행착오를 거치는가. 취업 과정에서는 얼마나 많은 서류 탈락과 면접 탈락을 겪어야 하는가. 요즘 기타를 배우고 있는데 코드 하나를 익히는 데도 수많은 삽질의 시간을 거친다. 이렇게 무수한 실패의 순간 우리는 아쉬움에 잠시 머물고, 죄책감과 수치심에 오래 머문다. 학교에서, 가정에서, 사회에서 실패는 쪽팔린 것이라고 배웠기 때문이다.

남들과 다르면 틀린 게 되는 사회

지금 내 키는 176센티미터인데, 중학생 때도 이 키였다. 그 이후로는 거의 자라지 않았다. 엄마는 중학생 때 이후로 내 키가 자라지 않은 것에 대해 본인 책임이 있다며 미안해한다. 아주 어렸을 때부터 나는 키가 컸다. 유치원 때 사진을 보면 초등학생이 유치원생들 사이에 섞여 있는 느낌이 들고, 초등학교 입학 사진을 보면 다른 아이들보다 머리 한두 개 정도는 더 있었다. 엄마는 키가 큰 내가 어딜 가나 너무 튀어서 걱정이었다고 한다. 그래서 새해 소원을 빌 때면 항상 "올해는 우리 애 키 좀 안 크게 해주세요"라고 했다고 한다. 유치원 때부터 중학교 3학년 때까지 약 10년간의 기도를 하늘도 갸륵하게 여겼는지, 그때부터는 정

모두에게 잘 보일 필요는 없다

말 키가 크지 않았다.

지금 생각해 보면 정말 웃긴 이야기이다. 요즘에는 어떻게 든 키 크게 하려고 아이들에게 약도 먹이고 운동도 시키는 시대 인데, 키 안 크게 해달라고 소원을 빌었다니 말이다. 엄마는 왜 그런 말도 안 되는 소원을 빌었던 것일까? (그러지 말지.) 정말 놀라운 것은 그때의 나는 키가 큰 것이 정말 문제라고 생각했다는 것이다. 그래서인지 항상 어깨를 움츠리고, 허리를 구부정하게 하고 다녔다. 조금이라도 작아 보이려고 했던 것이다. 키가 큰 것 이 누군가에게는 자부심이었겠지만 나에게는 창피함이었다. 키가 작았다면 이런 문제가 없었을까? 내 아내는 키가 작고, 나와는 반대로 어려서부터 지금까지 꾸준히 키가 작았다고 한다. 아내는 키가 작은 것이 창피해서 항상 위축되어 있었고, 눈에 띄지 않으려고 노력했다고 한다. 키는 사실 맞고, 틀리고의 문제가 아니다. 그러나 결국 키가 컸던 나도, 키가 작았던 아내도 모두 자신을 '틀린 사람'으로 느끼며 수치심을 경험했다.

우리 사회는 튀는 것을 싫어한다. 남들과 다른 모습은 틀린 모습으로 여겨진다. 그런데 잘 생각해 보면 우리는 모두 다른 사람이다. 어떻게 보면 매 순간 나는 남들과 다르다는 것을 느끼면 서 살 수밖에 없다. 요즘에는 그래도 '틀림이 아니라 다름이다'라 는 의식이 생기고, 조금씩 다양성과 개성이 존중받는 분위기로 사회가 바뀌고 있지만 솔직히 아직 멀었다. 여전히 획일화되고 전형적인 삶의 모습이 주류, 여기서 벗어난 모습은 비주류로 여겨진다. 무난하게 초, 중, 고등학교를 나와 대학에 간 사람과 검정고시를 봐서 대학에 간 사람을 보는 시선은 여전히 다르다. 결혼하지 않기로 하거나, 아이를 낳지 않기로 하면 "왜?"라는 질문을 받는다. 그러나 결혼을 하고, 아이를 낳은 사람은 이런 질문을 받지 않는다. 성 소수자를 비롯한 소수자의 인권 문제도 이와 같은 맥락이다. 이처럼 여전히 우리 사회에서는 전형적인 모습에서 벗어나면 내가 잘못했다는, 또는 잘못되었다는 감정을 경험하게 된다.

모두에게 잘 보일 필요는 없다

3장

죄책감과
수치심에서 벗어나는
7가지 마인드셋

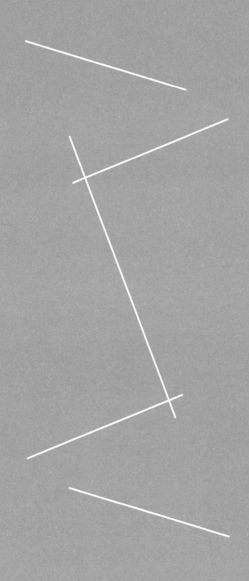

문제와 나를
분리하는 연습

우리는 너무 쉽게
자신을 이상한 사람으로
여긴다

평소에는 쓰지 않던 모자를 푹 눌러쓰고, 한숨을 푹 쉬며 상담실에 들어온 하얀 씨에게 물었다.

"무슨 일 있어요?"

하얀 씨가 모자를 벗으며 답했다.

"오늘 아침에 미용실을 다녀왔는데요….'"

하얀 씨는 미용실을 가는 게 두렵다. 머리가 예쁘게 안 될까 봐 걱정되는 것도 있지만, 그것보다 더 두려운 것은 마음에 들지 않는 머리를 보고도 "괜찮네요. 예쁘게 나온 거 같아요"라고 말하는 자신의 모습을 또 보는 상황이다. 하얀 씨는 오늘 아침 미용실에서도 그런 경험을 했던 것이다. 평소에 쓰지 않던 모자를 쓴 것도 마음에 들지 않는 머리를 감추기 위해서였다.

"제가 봐도 정말 바보 같아요. 말 한마디 하는 게 왜 이렇게 안 될까요? 진짜 좀 이상한 거 같아요. 어디서 이런 얘기를 하면 다들 비웃을 거예요."

우리의 뇌는 본질적으로 구두쇠이다. 구두쇠라는 말의 의미 대로 뇌는 깊게 생각하고 싶어 하지 않는다는 것이다. 되도록 적게 생각하되, 되도록 많이 이해하려고 하는 극한의 효율성을 추구하는 것이 뇌의 특징이다. 그래서인지 우리는 사람을 묘사할 때도, 한 마디의 단어나 '~한 사람'으로 정의하는 것을 좋아한다. 혈액형별 성격과 MBTI가 유행한 것도 같은 이유에서일 것이다. 책임감이 강하고, 꼼꼼하고, 현실적이며, 때로는 차갑게도 보이는 사람이라고 묘사하는 것보다 ISTJ라고 정의해 버리는 것이 더 편하기 때문이다. 누군가를 '갑자기 화를 내고, 화가 나면 소리를 지르고, 언제 그랬냐는 듯 금방 가라앉는 성급한 사람'이라고 묘사하기보다는 '다혈질'이라고 정의하는 것이 효율적이다.

이러한 현상은 자기를 이해할 때도 나타난다. 우리는 때로 너무 쉽게 자신을 '이상한 사람'으로 정의해 버린다. 나를 좋게 보는 것은 참 어렵고, 이상하게 보는 것은 참 쉽다. 스스로 몹시 못마땅하게 여기는 행동을 반복하는 자신을 발견했을 때 특히 그렇다. 하얀 씨도 오늘 미용실에서 있었던 일에 대해 '머리를 했는데 마음에 안 들게 나와도 하고 싶은 말을 제대로 못 한 나'가

　　　　　모두에게 잘 보일 필요는 없다

아니라 '이상한 나'로 정의해 버렸다. 이렇게 나를 이상한 사람으로 인식할수록 죄책감과 수치심에서 벗어나기 힘들어진다.

문제를 일으킨 사람과 문제아의 차이

내 친구 철민이는 중학생 시절 소위 말하는 문제아였다. 정확히 말하면 문제아라기보다는 문제아로 찍힌 아이였다. 개학 첫날, 뒤에서 우당탕 소리가 나서 돌아보니 철민이와 A가 주먹다짐을 하고 있었다. 결과적으로는 철민이가 이겼다. 거의 일방적으로 A가 두들겨 맞았다. 그때부터 철민이는 아이들과 선생님들 사이에서 문제아로 찍혔다. (나중에 알고 보니 먼저 시비를 건 것도, 먼저 때린 것도 A였다). 문제아로 찍힌 철민이는 그날 이후로 딱히 문제를 일으킨 적이 없었음에도 선생님과 친구들의 곱지 않은 시선을 견뎌야 했다. 다른 친구들과 똑같이 잘못해도 철민이가 대표로 혼났고, 너무 아파서 학교에 오지 않은 날은 '어디가 아픈가? 무슨 일 있나?'라는 걱정보다는 '가출한 거 아니야?'라는 의심부터 받아야 했다.

얼마 전에 철민이와 술을 한잔했다. 술에 거나하게 취한 철민이가 한스럽게 말했다.

"야, 그때 내가 뭐 조금만 잘못하면 다들 '그럴 줄 알았어'라고 했어. 단 한 명도 나한테 '그럴 수도 있지'라고 해준 사람이 없었어."

철민이는 문제를 일으켰다. 전후 사정을 떠나 폭력은 분명히 문제 행동이다. 그렇지만 철민이가 문제아라고 할 수 있을까? '문제를 일으킨 사람'과 '문제아'는 엄연히 다른 개념이다. 문제를 일으킨 사람은 그 사람이 문제 행동을 했다는 것을 의미한다. 그러나 문제아는 말 그대로 그 사람의 정체성 자체가 문제 덩어리라는 것을 뜻한다. 나를 문제 덩어리라고 인식할 때 엄청난 죄책감과 수치심을 경험하는 것은 너무나 당연한 수순이다.

자신을 '이상한 나'로 스스로 정의해 버리는 것은 본인을 셀프로 문제아로 낙인찍는 것과 같다. 철민이가 주변 사람에게 문제아로 찍혔던 것처럼 말이다. 자신을 문제아로 낙인찍으면, 그때부터는 철민이가 겪었던 억울한 경험을 내가 나에게 제공하는 꼴이 된다. 주변 사람이 철민이를 곱지 않은 시선으로 봤던 것처럼, 내가 나를 못마땅하게 보게 된다. 나의 생각과 감정, 행동을 스스로 믿지 못하고 의심한다. 철민이가 잘못하면 다른 친구들보다 더 크게 혼났던 것처럼, 내가 뭔가를 잘못하면 자신을 더 심하게 자책하고 비난한다. 무엇보다 나의 실수나 잘못에 대해 '그럴 수도 있지'라며 스스로 위로하지 못한다. '내가 그럼 그렇지 뭐'라며 자기 손으로 가슴에 비수를 꽂는다. 이렇게 내가 나에게 가혹한 사람이 되는 것이다.

모두에게 잘 보일 필요는 없다

문제와 나를 분리하라

나를 이상한 사람으로 보지 않기 위해서는 문제와 나를 분리해 보려는 마음가짐이 필요하다. 문제와 나를 분리하지 못하는 모습, 즉 자신을 문제아로 인식하는 것을 자아동질적_{ego-syntonic}이라고 한다. 반면 나와 문제를 분리해서 보는 모습, 즉 자신을 문제를 가지고 있는 사람으로 인식하는 것을 자아이질적_{ego-dystonic}이라고 한다. 죄책감과 수치심에서 벗어나기 위해서는 자신의 문제를 자아이질적으로 받아들이려는 마음가짐이 필요하다.

고등학교 때 우리 반에 영어 과목에서 꼴찌를 다투던 친구 경민이와 민석이가 있었다. 경민이는 늘 이렇게 말했다.

"나는 영어 머리가 아예 없어."

한편, 민석이는 이런 말을 자주 했다.

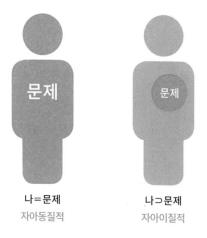

나=문제
자아동질적

나⊃문제
자아이질적

"내가 진짜 중학교 때 조금만 했으면 됐는데, 기초가 안 되어 있으니까 못 따라가겠네."

물론 둘 다 핑계일 수 있지만, 경민이보다는 민석이가 차라리 낫다. 경민이는 영어 머리 자체가 없다며 자신을 자기불구화 self-hadicapping를 시켰고, 민석이는 자기 약점을 파악했기 때문이다. 경민이의 자기불구화는 점점 영역이 넓어졌다. 처음에는 영어 머리가 없다고 하다가 나중에는 공부 머리가 없다면서 체대 입시를 준비했다. 그러다가 "난 아무래도 운동 신경도 없는 것 같다"라고 말하며 대학 진학 자체를 포기해 버렸다. 반면 민석이는 어느 날부터 중학생용 영어 자습서를 풀기 시작했다. 그럼에도 민석이가 영어를 잘하게 되는 기적 같은 일이 벌어진 것은 아니다. 그래도 '내가 영어는 못해도 다른 건 잘하는 게 있겠지'라고 생각하며 결국 자기 강점을 찾아냈다. 영어는 최저 등급을 맞추고 미대 입시에 성공한 민석이는 지금도 여전히 "영어는 내 삶의 적이다"라고 말한다. 그렇게 민석이는 영어라는 적과 가끔은 싸우고, 가끔은 피하면서 그럭저럭 함께 살아가고 있다.

남에게는 쉬운 것이 나에게는 참 어려울 때가 있다. 영어가 누군가에게는 인생의 친구이지만 민석이에게는 인생의 '적'이다. 누군가는 미용실에서 환불을 요청하는 게 별일 아니겠지만, 하얀 씨에게는 머리가 마음에 들지 않는다고 말하는 것조차 어려운 일이다. 이런 것들을 우리는 '약점'이라고 한다. 그리고 우리는

모두에게 잘 보일 필요는 없다

저마다 누구나 약점이 있다. 불사의 전사였던 아킬레우스에게도 아킬레스건이라는 약점이 있는 것처럼 말이다. 그리고 이런 약점들이 때로는 어떠한 문제로 이어지기도 한다. 가령 나는 너무 쉽게 불안해진다는 약점이 있다. 그리고 이 약점이 때로는 어떠한 일을 시작도 하지 못한 채 전전긍긍하게 만들기도 하고, 밤에 쉽게 잠들지 못하는 문제로 이어지기도 한다. 나는 이런 내 모습이 아주 마음에 들지 않는다. 할 수만 있다면 내 몸과 마음에서 이런 약점은 영구적으로 삭제해 버리고 싶을 정도이다. 그렇지만 나는 쉽게 불안해지는 약점을 지닌 사람이지, 불안한 사람이 아니다. 다른 사람들처럼 나 또한 어떠한 문제를 가지고는 있지만 문제아는 아니라는 것이다.

만약 지금 당신이 어떠한 어려움에 빠져 있다면, 그것은 당신의 여러 모습 중에서 어떤 문제가 당신을 힘들게 하는 것이다. 당신이 이상한 사람이라서 그런 어려움에 빠진 것이 아니다. 문제는 당신의 일부일 뿐, 당신이라는 사람이 문제가 아니다.

2

자존감의 시작은
근자감에서부터

내 자아를 존중하는 법

'근자감'은 근거 없는 자신감의 줄임말로, 주변 사람들이 볼 때는 그럴 만한 이유가 없음에도 불구하고 매우 자신만만한 태도를 보이는 사람에게 쓰는 말이다. 보통 '무슨 근자감이지?', '근자감 넘치네' 등의 부정적인 뉘앙스로 비호감인 사람에게 자주 쓰이는 단어다. 그런데 누군가 나에게 근자감이 나쁜가라고 묻는다면 꼭 그렇지는 않다고 답하고 싶다. 나는 근자감이야말로 자존감의 근간이 되는 아주 필수적 요소라고 생각한다.

창피한 학창 시절의 이야기를 하나 털어놓으려 한다. 내가 짝사랑하던 여자아이가 있었다(지금도 그 아이는 모를 것이다). 내가 그 아이에게 고백하지 못한 것은 물론이거니와, 주변 친구들

110   모두에게 잘 보일 필요는 없다

에게도 말하지 못했다. 그 아이는 학교에서 퀸카로 통하는 아이였고, 나는 흔하디 흔한 보통 남자아이였을 뿐만 아니라 못생기고 뚱뚱했기 때문이다. 즉, 그 아이와 나 사이에 어떠한 '급' 차이가 있었다는 것이다. 오르지 못할 나무 앞에 서 있는 내 모습이 초라했다. 그럴수록 그 나무는 점점 더 높아 보였고, 나는 점점 작아 보였다. 그러던 어느 날 충격적인 소식을 듣게 되었다. 친구 형준이가 그 여자아이와 사귀기로 했다는 것이다. 서러웠고, 아쉬웠다. 형준이는 내가 그 아이를 짝사랑한다는 것을 몰랐지만, 그래도 괜한 배신감이 느껴졌다. 가장 괴로웠던 것은 내가 생각하기에 나와 형준이는 '비슷한 급'이었기 때문이다(정말 솔직히 말하면 내가 좀 더 높은 급 같기도 했다). 내가 오르지 못할 나무면 형준이도 당연히 오르지 못할 것이라고 생각했는데, 형준이는 그 나무를 당당히 올라간 것이다. 도저히 납득이 되지 않아 형준이에게 물어봤다. 도대체 어떻게 사귀게 되었는지. 그러자 형준이는 눈을 동그랗게 뜨고 대답했다.

"뭘 어떻게. 좋아한다고, 사귀자고 고백한 거지."

이 단순하고 명료한, 그리고 당연한 대답을 듣고 나니 창피해졌다. 우문현답에서 '우문'을 한 사람의 마음이 이러했을까?

나는 엄두도 내지 못한 나무를 형준이가 오를 수 있었던 이유는 간단하다. 형준이는 용기를 냈고, 나는 용기를 내지 못한 것이다. 그렇다면 형준이는 왜 용기를 낼 수 있었고, 나는 그럴 수 없었을까? 그 이유는 아마도 자신감의 차이였을 것이다. 이상한 말이지만, 나는 그 여자아이에게 고백할 자격이 없다고 생각했다. 고백하려면 S급 정도의 자격이 필요한데, 나는 D급 정도라고 생각했다. S급이 되기에는 자격 조건, 즉 근거가 부족했기에 나는 고백하지 않은 것이 너무나도 자연스러웠다. 그러나 형준이는 달랐다. 형준이의 분명한 대답을 보면 형준이는 본인을 '고백해도 괜찮은 사람'이라고 믿었던 것이 분명하다. 그러한 믿음에는 어떠한 근거나 조건도 없었을 것이다. 그냥 등급이니, 조건이니, 근거니 이런 것들을 고려하는 생각의 과정 자체가 없었다는 것이다. 그렇기에 형준이는 누구나 고백할 때 필요한 최소한의 용기면 충분했다. 상대가 퀸카라서, 본인의 조건이 어떠해서 특별히 더 용기 낼 필요가 없었다.

나는 나를 믿기 위해 근거가 필요하다고 생각했다. 그리고 그 근거가 없는 나를 보며 위축되었다. 내가 나를 부족한 사람으로 만든 것이다. 반면, 형준이는 본인을 근거 없이 그냥 믿었다. 말 그대로 근자감이다. 근자감의 차이는 행동의 차이로 이어졌다. 결국 자신감의 근거를 따졌던 나는 수치심을 10점 적립했고, 따지지 않았던 형준이는 자신감을 10점 적립했다.

모두에게 잘 보일 필요는 없다

나를 그냥 믿기로 마음먹는 것

정말 오랜만에 친구 영미를 만났다. 영미는 아이를 낳고 육아에 전념하느라 얼굴 보기가 어려웠기에 더 반가웠다. 영미는 카페에 앉자마자 핸드폰을 꺼내 아기 사진을 보여주면서 웃었다.

"야, 너무 예쁘지 않냐? 히히 완전 인형이라니까!"

이제 와서 하는 말이지만 정말 미안한데… 아이가 그렇게 인형처럼 예쁘지는 않았다. 영미의 아기는 내가 생각하는 '인형 같이 예쁜 아기'의 이미지와는 거리가 있었다. 어젯밤에 예능 프로그램에서 본 유명 연예인의 자녀들과 SNS에서 본 진짜 인형 같이 생긴 아이들이 떠올랐다. "인형… 까진 모르겠는데?"라고 말할 수는 없고, 그렇다고 또 거짓말을 하고 싶지는 않아서 "오 완전 귀엽다"라고 적당히 맞장구치면서 넘어갔다. 일순간 내 난감한 표정이 들키지는 않았을까 걱정되었다. 다행히 영미의 눈은 핸드폰 속 아기 사진에만 머물러 있었다. 영미의 입꼬리는 한껏 올라가 있었고, 눈에서는 꿀이 뚝뚝 떨어졌다.

나는 영미의 아기를 어떠한 조건을 가지고 보았다. 인형 같은 외모의 기준에 부합하는 근거를 찾았고, 근거가 부족하다고 느꼈다. 그러나 영미는 달랐다. 영미의 아이에 대한 사랑과 애정에는 어떠한 근거도 없었다. '그냥' 사랑하는 것이다.

잘 생각해 보면 우리가 누군가를 사랑할 때는 보통 근거가 없다. 꿀이 뚝뚝 떨어지는 영미의 눈처럼 부모의 자식 사랑은 무조건적이다. 사랑하는 사람에게는 "콩깍지가 쓰인다"는 말처럼 내 애인이 하는 것은 무엇이든 예쁘고, 뭘 해도 사랑스럽다. 다른 사람이 하면 못마땅해 보이는 행동도, 내가 사랑하는 사람이 하면 좋아 보인다. 심지어 부모는 아이의 똥 싸는 모습도 예뻐 보인다. 사랑하는 사람과 연애할 때는 주변에서 아무리 헤어지라고 말해도 소용이 없다. 즉, 누군가를 사랑할 때는 근거 따위는 무시하고 그냥 사랑하는 것이다.

그런데 유독 내가 나를 사랑할 때만큼은 그냥이 안 된다. 나를 사랑하기 위해서는 그럴 만한 이유와 근거가 반드시 필요하다고 생각한다. "명분이 없다 아닙니까~ 명분이~"라는 유명한 영화 대사처럼, 나를 사랑할 만한 명분을 찾으려 하고 명분이 없어서 사랑할 수 없다고 말한다. 수많은 근거를 모아 하나의 결론을 도출하는 '귀납법'으로 자기를 사랑하려고 한다. 나를 사랑하는 것은 귀납법이 아니라 연역법이어야 한다. '나는 나를 사랑한다'는 것은 결론이 아니라 깔고 들어가는 전제여야 한다는 것이다. 자기 자식을 사랑스럽게 바라보는 부모처럼, 내가 나를 사랑스럽게 봐줘야 한다.

믿음은 누구에게나 어렵다. 믿음이 어려운 이유는 '확신할 만한 근거'를 찾기 어렵기 때문이다. 뭔가를 믿는 것에는 불확실성이 동반된다. 무언가에 100퍼센트 확신을 갖는다고 말하는 사람이 있다면, 그것은 거짓말이거나 착각이다. '이 사람과 결혼하

모두에게 잘 보일 필요는 없다

면 행복할 거야'라는 100퍼센트 확신을 가질 수 없다. 또한 '이 일이라면 내가 평생 재밌게 할 수 있을 거야'라고 절대적으로 확신할 수는 없다. 그럼에도 우리는 가끔 무언가를 굳게 믿는다. 그때의 믿음은 100퍼센트 확신할 만큼 근거가 충분한 것이 아니라 '그냥 믿기로 마음먹는 것'이다. 상대방이 결혼 상대로 괜찮을지 수많은 근거를 찾으며 고민하겠지만 어느 순간에는 '그래, 한번 믿어보지 뭐'라고 마음을 먹는 것이다. 이 일을 평생 할 수 있을지 무척 고민하지만 결국에는 '에이 모르겠다, 일단 한번 가보는 거지 뭐'라고 다짐하는 것이다. 나를 믿는 것, 자신감도 마찬가지이다. 나를 믿을 만한 근거가 충분해서 믿는 게 아니라 그냥 믿기로 마음먹는 것이다.

자존감이 높은지 알 수 있는 가장 쉬운 방법

나의 자존감이 높은지 어떻게 알아볼 수 있을까? 두 가지 방법이 있다. 첫 번째 방법은 자아존중감 척도를 사용해 보는 것이다. 이 글의 끝에 연구에서 가장 보편적으로 활용되는 자아존중감 척도를 첨부해 놓았다. 이 척도를 활용하면 나의 자아존중감을 수치화해 알아볼 수 있다. 그러나 자아존중감이라는 것은 말 그대로 주관적인 '감'이기 때문에 수치화된 것이 꼭 정확하다고 볼 수는 없다.

그래서 두 번째 방법을 소개한다. 두 번째는 척도를 사용하는 것처럼 과학적인 방법이라고 볼 수는 없지만, 주관적인 '감'을 느껴보기에는 더욱 적합한 방법인 것 같다. 한번은 상담에서 이런 질문을 받은 적이 있다.

"선생님 자존감이 높은지, 낮은지 어떻게 알 수 있어요?"

자존감이라는 것은 결국 나를 얼마나 믿어주고 사랑해 주는지를 뜻한다. 그러나 눈에 보이는 것이 아니기 때문에 내 자존감이 어떤지 확인하는 것은 참 어려운 일이다. 나는 반대로 질문했다.

"지금 정말 사랑하는 사람이 있어요?"

"네. 저희 오빠(애인)요!"

"만약에 오빠가 하나 씨한테 '나 좋아해?'라고 물어보면 뭐라고 답할 거예요?"

"당연하지라고 하겠죠."

"오빠가 이어서 '그럼 나 왜 좋아해?'라고 물어본다면요?"

"어… 좀 난감하겠지만… (잠시 침묵) '그냥 오빠라서 좋지!'라고 할 거 같은데요?"

"그렇구나. 자존감이 높은지 알아보는 방법도 비슷하지 않을까요? 만약 하나 씨가 자존감이 높다면 제가 '자신을 좋아하세요? 왜 좋아하세요?'라고 물었을 때, '당연히 좋아하죠. 그냥 저라서 좋아요!'라고 답할 것 같아요."

모두에게 잘 보일 필요는 없다

로젠버그
자아존중감 척도

문항	전혀 아니다	대체로 아니다	대체로 그렇다	거의 그렇다
1. 나는 내가 다른 사람들처럼 가치 있는 사람이라고 생각한다.	1	2	3	4
2. 나는 좋은 성품을 가졌다고 생각한다.	1	2	3	4
3. 나는 대체적으로 실패한 사람이라는 생각이 든다.	4	3	2	1
4. 나는 대부분의 다른 사람들과 같이 일을 잘할 수 있다.	1	2	3	4
5. 나는 자랑할 것이 별로 없다.	4	3	2	1
6. 나는 내 자신에 대해 긍정적인 태도를 가지고 있다.	1	2	3	4
7. 나는 내 자신에 대해 대체로 만족한다.	1	2	3	4
8. 나는 내 자신을 좀 더 존경할 수 있으면 좋겠다.	4	3	2	1
9. 나는 가끔 내 자신이 쓸모없는 사람이라는 느낌이 든다.	4	3	2	1
10. 나는 때때로 내가 좋지 않은 사람이라고 생각한다.	4	3	2	1

각 문항의 점수를 합산하세요.

10~19점: 낮은 수준의 자존감
20~29점: 보통 수준의 자존감
30~40점: 높은 수준의 자존감

우선,
화장실부터 가라

일에 치일 때
우리가 반납하는 것들:
사생활, 인간관계, 기본 욕구

희경 씨는 이번 주도 헐레벌떡 상담실 문을 열고 들어왔다.
약속된 시간보다 10분 정도 늦은 시간이었다.

희경 (헉헉거리며) 선생님, 제가 또 늦었죠. 죄송해요.

나 급히 오신 것 같아요. 천천히 숨 좀 돌리세요.

희경 (물을 벌컥벌컥 마시고) 아, 오늘도 일이 너무 많았어
요. 하던 일까지만 마무리하고 온다는 게 생각보다
오래 걸려서….

나 예상보다 길어지고, 상담 시간은 다가오고… 마음이
조급해졌겠어요. 생각해 보면 지난주에도, 이 주 전

에도 오늘처럼 헉헉거리면서 들어오셨던 것 같아요.

희경 제가 그랬었나요? 맞아요. 아마 당연히 그랬을 거예요. 뭐 늘 그래요.

나 일이 항상 되게 많은가 봐요.

희경 일이 많기도 하지만, 제가 일을 더 만들어서 하는 거같기도 해요. 일이라는 게 하기로 들면 끝도 없이 생기는 거니까. 오늘은 점심도 못 먹었고, 한 2시 이후로는 화장실도 한 번도 못 가고 일한 것 같아요.

나 아이고, 어떡해요. 오후 내내 배도 고프고 힘들었겠어요.

희경 네, 그렇긴 한데… 일에 집중하다 보면 그런 느낌도 잘 안 들어요. 그러고 사는 거죠.

당신도 희경 씨처럼 너무 바빠서 화장실 가는 것을 참아본 경험이 있는가? 사실 지금 나도 그런 경험을 하고 있다. 아까부터 화장실이 가고 싶었는데, 이 문단까지만 쓰고 화장실을 간다는 게 벌써 30분이 지났다.

바쁜 업무에 치이다 보면 사람들이 보통 제일 먼저 반납하는 것은 사생활이다. 워라밸 따위는 포기하고 야근은 기본이고 회사에서 잠을 자기도 한다. 사생활을 반납해도 업무가 소화되지 않으면 그다음으로는 인간관계를 반납한다. 회사 밖 관계는 물론, 회사 안에서도 사람들과 대화하거나 교류하지 않고 일에만 집중한다. 동료들과 점심시간에 담소 나누는 시간도 아깝게 느껴져 혼자 샌드위치를 먹으며 일한다. 그래도 일이 안 끝난다. 사생활도, 인간관계도 반납했는데 업무는 뭔가를 자꾸 더 내놓으라고 한다.

우리는 더 이상 내놓을 것이 없을 때, 마지막으로 '나'를 반납한다. 구체적으로는 인간의 기본 욕구들을 반납한다. 밥을 안 먹고 일하거나 잠을 자지 않는다. 급기야 화장실 가는 것도 참아가면서 일한다.

MBTI 성격 말고 항문기 성격

우리가 처음으로 배변을 참아본 것은 언제일까? 기억은 안 나겠지만 아마도 두세 살 무렵이 아닐까 싶다. 이 시기 즈음부터 배변 훈련이 시작되기 때문이다. 그전까지는 참을 필요가 없었는데, 이때부터는 배변을 조절해야 한다. 난생처음 내 마음대로 하면 안 되는 게 나타난 것이다.

프로이트의 정신분석학에서는 이 시기를 '항문기'라고 한다. 항문기의 아이는 성격 형성에 매우 중요한 경험을 하게 된다. 그것은 바로 배변 훈련이다. 정신분석에서는 이 배변 훈련에서 좋지 않은 경험을 하면 성격이 삐뚤어질 수 있다고 경고했다. 이 시기에

모두에게 잘 보일 필요는 없다

프로이트의 심리성적 발달 단계

	시기	에너지의 초점	주요 내용
구강기	출생~18개월	입	입(빨기와 씹기)을 통한 만족감. 타인, 세상에 대한 기본적인 신뢰.
항문기	18개월~3세	항문	배변의 보유와 배출을 통한 쾌감과 자기 조절
남근기	3세~6세	성기	이성 부모에 대한 환상, 질투(오이디푸스/엘렉트라 콤플렉스)

• 정신분석학에서 주장하는 개념으로 인간의 정신 에너지가 신체 어느 곳에 집중되는지에 따라 발달 단계가 구분된다는 이론. 총 5단계를 제안했고 그중 생후 겪게 되는 3단계(구강기, 항문기, 남근기)를 성격 형성에 있어 중요한 시기로 강조함.

성격이 삐뚤어지는 것을 "항문기 성격에 고착된다"라고 표현하기도 한다.

항문기의 아이는 괄약근을 자유자재로 조절할 수 있다. 이를 통해 배변을 보유하거나 배출하는 것을 조절하며 자율성과 쾌감을 경험한다. 배변 훈련은 이러한 자율성과 쾌감을 지연하거나 조절해야 하는 경험이다. 그런데 어떤 부모는 배변 훈련을 너무 강압적이고 통제적으로 시킨다. 가령 아이가 똥을 싸면 눈을 흘기며 "똥 쌌어?"라고 핀잔을 주거나 "지금 똥을 싸면 어떡해!"

라며 큰소리로 혼내는 경우이다. 아이의 배변에 대한 자율성과 쾌감을 지나치게 통제하면, 아이는 둘 중 한 가지 방식으로 반응하면서 성격이 삐뚤어진다.

첫 번째는 배변을 지나치게 배출하는 방식으로 저항하는 것으로 이를 '항문 공격적 성격' 혹은 '항문 폭발적 성격'이라고 한다. 나를 통제하는 부모를 공격하기 위해 일부러 더 지저분하게, 더럽게 배변 활동을 하는 것이다. 항문 공격적 성격을 가진 사람은 성인이 되어서도 무질서하고, 난잡하고, 무절제하고, 공격적인 성향을 보인다.

두 번째는 배변을 지나치게 보유하는 방식으로 순종하는 것으로 이를 '항문 보유적 성격'이라고 한다. 이렇게 순종하면서 부모를 기다리게 하고, 애간장을 태우는 것이다. 항문 보유적 성격을 가진 사람은 성인이 되었을 때 지나치게 질서 정연하고 깔끔하며 강박적인 모습이 나타날 수 있다.

기억도 나지 않을 어릴 적의 이야기, 그것도 항문에 대한 이야기를 이토록 자세히 하는 이유는 한 가지이다. 기본 욕구의 과도한 통제가 성격에 얼마나 해로운 영향을 미치는지를 생각해 봤으면 하기 때문이다. 가장 기본적이지만, 남사스러운 배변에 대한 욕구마저도 과도하게 제한되었을 때 성격적인 문제로 이어진다는 것이다. 그렇기에 만약 당신이 지금 화장실도 안 가고 일하고 있다면 그것은 절대 자랑이 아니다. 조금 억지스럽게 들릴

모두에게 잘 보일 필요는 없다

수도 있지만, 어쩌면 자신을 항문 보유적 성격, 혹은 항문 폭발적 성격으로 만들고 있는 것일지도 모른다.

화장실조차 가지 않고 일했다는 것은 자랑이 아니다

비단 화장실 가는 것만의 문제가 아니다. 밥 먹고, 잠자고, 쉬는 것은 인간에게, 아니 모든 생명체에게 그 무엇보다 필수적인 행동이다. 일, 업무 따위와는 비교할 수 없을 정도로 중요하다. 일은 안 해도 죽지 않지만, 밥을 먹지 않으면 죽기 때문이다. 마치 식물에게 물을 줘야 하는 것처럼 생존을 위해 필수적인 요소라는 것이다. 하지만 슬프게도 우리는 너무나도 쉽게 자신에게 물을 주지 않는다.

상담실에서 내담자들에게 '화장실도 못 가고 일했다'라는 이야기를 참 자주 듣는데, 그럴 때마다 나는 시들어가는 식물이 떠오르면서 마음이 참으로 안타깝다. 더 속상한 경우는 시들어가는 식물을 보는 나는 슬퍼하지만, 식물 스스로는 대수롭지 않게 여길 때이다. 밥을 거르고, 잠을 줄이고, 화장실도 안 가는 자신의 모습에 대해 별로 문제의식을 못 느끼는 경우가 많다. 급기야 때로는 이러한 바쁜 모습을 '얼마나 생산성 있는 삶을 살았는가를 증명하는 훈장'처럼 여기며 내심 자부심을 느낀다.

'바쁨'은 우리 사회에서 매우 바람직한 가치로 여겨지는 것 같다. 특히 '밥도 먹지 못하고', '잠자는 시간을 줄여가면서' 뭔가에 몰입하고 바쁘게 사는 모습은 더할 나위 없이 바람직한 모습으로 비친다. 유튜브 알고리즘을 몇 번만 타고 가다 보면, 하루에 세 시간만 자면서 바쁘게 살아 성공한 청년 사업가의 인터뷰를 볼 수 있고, 하루에 한 번씩은 '○○에 미쳐라'라는 문구를 접하게 된다. 그래서인지 "바빴다"라는 말 한마디면 여러 가지 맥락을 구구절절 설명하지 않아도 비교적 쉽게 이해받을 수 있다. 나도 오늘 엄마와 오랜만에 통화하면서 "바빠서 연락을 못 드렸어요"라고 말했다.

반대로 '안 바쁨'은 사회에서 매우 부적절한 모습으로 비친다. 몇 달째 집에서 쉬고 있는 자식의 모습을 바라보는 부모의 눈빛에는 한심함과 차가움이 담겨 있다. 반면, 일이 너무 바빠서 몇 달 만에 집에 들어온 자식의 모습을 바라보는 부모의 눈빛에는 안쓰러움과 따뜻함이 담겨 있다.

우리가 이런 사회문화 안에서 살아가는 한, 바쁘게 살아가고자 하는 마음은 자연스러운 워너비wanna be일 수 있겠다. 그러나 어떤 사람들은 이런 바쁜 모습을 워너비가 아니라 머스트비must be로 생각하기도 한다. 즉, 바쁘게 살면 좋은 것이 아니라 반드시 바쁘게 살아야만 한다고 생각하는 것이다. 바쁘게 사는 모습이 맞는 것이라고 생각하기 때문에, 바쁘지 않을 때는 마음이

모두에게 잘 보일 필요는 없다

불편해진다. 일이 많아서 힘들어 죽겠다고 했지만, 막상 일이 줄어들면 불안해진다. 쉬는 날 없이 일에 시달렸지만, 막상 쉬는 날이 되면 '이렇게 있으면 안 될 것 같은 마음'에 시달린다. 이들은 바쁘지 않은 자신의 모습을 볼 때 죄책감과 수치심을 느낀다. 그렇기에 끊임없이 자신을 '바쁜 나'가 되도록 만든다. 그 과정에서 밥도 안 먹고, 잠도 안 자고, 화장실도 안 간다. 그러면 비록 몸이 괴롭더라도, 창피한 내 모습을 보지 않아도 된다. 그렇게 점점 스스로 시들어간다.

물론 어쩔 수 없이 가끔은 제때 밥을 못 먹을 수도 있고, 화장실 가는 것을 조금 미뤄야 할 때도 있다. 밤을 새워가며 일을 해야 하는 경우도 있다. 그리고 어쩔 수 없이 나를 돌볼 수 없는 상황이 수없이 반복된다면, 어떻게든 그 상황에서 벗어나기 위해 노력해야 한다. 다시 한번 말하지만 식물은 물을 주지 않으면 죽는다.

4

긍정적인 마인드가
그림의 떡인 이유

인간은 본래
부정적인 마인드가
자연스럽다

한 인터뷰에서 이런 질문을 받은 적이 있다. "행복하게 살고
싶은 사람들을 위해 딱 한 가지만 조언해 줄 수 있다면?" 나는 곧
바로 대답했다.

"최대한 생각을 덜 하고 살 것."

실제로 나는 생각을 덜 하고 사는 것이 행복해지는 길이라
고 믿는다. 행복은 대부분 사람이 추구하는 삶의 가치일 것이다.
되도록 더 행복하고 싶고, 덜 불행해지고 싶어 한다. 그렇지만
"지금 행복하신가요?"라는 질문에 쉬이 대답하기 어려운 이유는

모두에게 잘 보일 필요는 없다

행복이란 것이 어떠한 기준이 아니라 주관적인 느낌의 영역이기 때문이다. 결국 행복은 무엇을, 어떻게, 얼마나 느끼느냐로 감정의 문제라고 볼 수 있겠다. 따라서 감정의 측면에서 볼 때 행복이란 긍정적 감정을 최대한 많이, 오래 느끼고, 부정적 감정을 최대한 적게, 짧게 느끼는 상태를 뜻한다. 반대로 보면 불행은 긍정적인 감정을 적게, 짧게 느끼고, 부정적 감정을 많이, 오래 느끼는 상태인 셈이다.

그런데 여기서 우리는 너무나도 안타까운 사실 하나를 직면해야 한다. 인간의 마음은 긍정적인 감정보다 부정적인 감정을 더 잘 느낄 수밖에 없도록 설계되어 있다는 것이다. 아무리 기쁜 일이 있어도 좋은 기분이 며칠간 지속되는 일은 드물다. 그러나 불안한 마음으로 몇 날 며칠 잠을 설치고, 슬픔에 젖어 몇 년을 보내는 경우는 흔하다. 이것은 당신이 부정적인 사람이라서가 아니라, 그저 인간이기 때문에 부정적인 감정을 더 잘 느끼는 것이다. 그렇다. 인간에게는 불행은 쉽고 행복은 어렵다.

부정적인 사람이 생존한다

인간이 부정적인 감정을 더 많이 느끼는 것은 진화 심리학의 관점에서 살펴볼 수 있다. 진화 심리학에서는 인간을 비롯한 모든 생명체가 생존에 더 유리한 형태로 진화한다고 말한다. 앞서 말한 부정적인 감정을 긍정적인 감정보다 더 느끼는 인간의 특성 역시도 그것이 생존에 더 유리하기 때문이다.

이해를 돕기 위해 극단적인 예를 들어보자. 원시 시대를 살고 있는 원시인 석기와 철기가 있다. 석기는 긍정적인 감정을 아주 잘 느끼고, 부정적인 감정은 못 느낀다. 반대로 철기는 긍정적인 감정은 느끼지 못하고, 부정적인 감정은 매우 잘 느낀다. 누가 더 오래 살아남을까?

긍정적인 감정을 잘 느끼는 석기는 매일 모닥불을 피우고 다른 주민들과 담소 나누는 것을 즐겼다. 새로운 곳을 탐험하며 처음 보는 나무에서 맛있는 열매를 따며 즐거움을 느꼈다. 그러나 철기는 달랐다. 모닥불에 사람들이 모여서 즐거운 이야기를 나눌 때도 '불빛이나 떠드는 소리 때문에 위험해질 텐데… 바보 같은 사람들'이라고 생각하며 혼자 떨어져 있었다. 새로운 곳에 가는 것도 처음 보는 열매를 따 먹는 것도 하지 않았다. '저러다 죽으면 어떡해?'라고 생각했다.

그러던 어느 날, 석기와 철기가 함께 있는데 옆에 있는 풀숲에서 바스락 소리가 났다. 석기와 철기 모두 가슴이 뛰었다. 그러나 가슴이 뛰는 이유는 달랐다. 석기는 기뻐서, 철기는 두려워서 가슴이 뛰었다. 석기는 신나서 말했다. "철기야, 토끼 발소리 들었지? 저거 잡아서 오늘 같이 구워 먹자!" 철기는 화들짝 놀라며 답했다. "무슨 소리야, 저 소리는 누가 봐도 사자 소리잖아. 빨리

모두에게 잘 보일 필요는 없다

도망가야지" 석기는 철기의 이런 모습을 보고 그럴 줄 알았다는 듯 고개를 절레절레 흔들고 혼자 풀숲으로 뛰어들었다. 철기는 뒤도 돌아보지 않고 마을로 도망갔다. 결국 그날 밤 석기는 마을로 돌아오지 못했다. 같은 상황에서 더 부정적인 감정을 느낀 철기가 살아남은 것이다.

진화론 관점으로 보면 죄책감과 수치심도 생존에 필요한 중요한 감정이다. 인간은 다른 동물들에 비해 육체적으로 약하게 태어나기 때문에 무리를 이루어 힘을 모아 생존해 왔다. 따라서 무리에서 홀로 떨어지는 것은 곧 죽음을 뜻했다. 죄책감과 수치심이라는 감정은 연약한 인간이 무리 생활을 유지하게 하는 데 필수적인 감정이다. 죄책감과 수치심을 많이 느끼면 적어도 타인에게 실수하거나 잘못하는 경우가 줄어들기 때문에 사람들 눈 밖에 나지 않을 수 있다. 죄책감과 수치심이 자신을 피곤하고 힘들게 하겠지만 적어도 죽는 것보다는 낫다.

생각은 항상 부정적인 방향으로 흐른다

이처럼 긍정적 감정은 삶을 더 윤택하고 즐겁게 만들어줄 수는 있지만 생존에 직결되지는 않는다. 하지만 부정적 감정은 삶을 더 빡빡하고 재미없게 하지만 생존과 직결된다. 그래서 우리 인류의 마음은 생존에 필수적인 부정적 감정을 더 잘 느끼고,

상대적으로 덜 중요한 긍정적 감정은 적게 느끼는 방식으로 진화했다. 부정적 감정을 잘 느끼기 위한 가장 좋은 방법은 부정적 생각을 많이 하는 것이다. 예시의 철기처럼 만약의 만약까지 생각하고, 최악의 결과를 생각하는 것이다. 그리고 이러한 방식은 인류의 유구한 역사와 함께 더욱 견고해지고, 마음속 깊이 각인되었다.

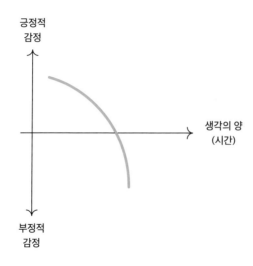

이렇게 각인된 기억들 때문에 머리는 긍정적 마인드가 좋다는 것을 잘 알지만, 마음은 자꾸만 부정적으로 흐른다. 긍정적 마인드는 가까스로 붙잡고 있는 동아줄과 같다. 잡고 있는 것은 너무나도 어렵지만 놓치기는 쉽다. 그리고 한번 놓치면 떨어지는

모두에게 잘 보일 필요는 없다

것은 순식간이다. 한번 부정적 생각이 들면 그것을 긍정적 생각으로 바꾸는 것은 쉽지 않다는 것이다. 이것은 마치 높은 곳에서부터 흐르는 강물의 방향을 반대로 전환하는 것처럼 어려운 일이다.

이것은 나도 마찬가지이다. 오늘 이 글을 쓰기까지 이런 과정이 있었다.

생각의 단계	생각의 내용
1단계	원시시대를 예로 들면 재밌게 쓸 수 있겠다!
2단계	재밌게 쓸 수 있지 않을까?
3단계	재밌게 못 쓸 수도 있지 않을까?
4단계	재밌게 못 쓸 것 같은데?
5단계	써봤자 재미없을 거야.

생각이 5단계 정도로 흐르면 그것을 2단계 정도로 돌리는 것은 사실상 불가능했다. 재밌게 못 쓸 수도 있지 않을까라는 생각(3단계)을 하는 순간, 고속도로 하이패스처럼 그 생각은 3단계에서 4단계로, 4단계에서 5단계로 빠르게 흘러가기 때문이다. 결국 이런 생각의 흐름 때문에 며칠을 미루고 말았다. 그렇다면 오

늘은 어떻게 이 글을 꾸역꾸역이라도 쓸 수 있었을까?

생각하는 것을 1, 2단계에서 멈췄기 때문이다. 1, 2단계에서 생각을 멈추고 마음속으로 '오케이, 고!'를 외치고 컴퓨터 앞에 앉았다. 노트북을 켜고 아무 말이나 쓰기 시작했다. 만약 내가 1~2단계에서 생각을 멈추지 않았다면 지난 며칠과 똑같은 생각의 흐름으로 이어졌을 것이다. 3~5단계로 넘어가면 손 쓸 도리가 없기 때문이다. 죄책감과 수치심에서도 마찬가지이다.

김 대리에게 어쩔 수 없이 업무적인 부탁을 해야 하는 상황일 때 단계를 살펴보면 이렇다.

생각의 단계	생각의 내용
1단계	김 대리는 나를 좋아할 거야.
2단계	김 대리는 나를 싫어하지 않을 거야.
3단계	김 대리가 나를 싫어할 수도 있지 않을까?
4단계	(지난 일들을 곱씹으며) 이런 일들 때문에 나를 싫어하겠지?
5단계	이런 걸 부탁하면 더 싫어할 거야.

모두에게 잘 보일 필요는 없다

처음에는 긍정적으로 생각하다가도 생각을 계속하다 보면 3~5단계로 흐른다. 이쯤 되면 다시 1, 2단계로 돌아오는 것은 어렵다. 업무적으로 더 힘들어지는 것은 기본이고, 내 잘못을 곱씹으며 때로는 MSG까지 뿌려가며 내 잘못을 확신한다. 상대방이 나를 안 좋게 볼 것이라는 생각을 굳혀나간다. 그렇게 죄책감과 수치심을 적립해 나가는 것이다. 죄책감과 수치심을 적립하지 않기 위해서는 1, 2단계 정도에서 생각을 그만해야 한다. 그만 생각하고, 마음속으로 '오케이, 고!'를 외친 뒤 김 대리에게 말을 걸어야 한다.

행복하고 싶다면 그냥 해라

결국 내가 하고 싶은 말은 행복하게 살고 싶다면 생각을 짧게, 적게 해야 한다는 것이다. 그렇다고 생각 없이 무념무상으로 살아야 한다는 것은 아니다. 생각이 없는 사람은 주변 사람들을 힘들게 한다. 그래서인지 많은 사람이 생각을 더 '깊게' 하기 위해 노력한다. 그러나 생각이 없는 사람은 남을 힘들게 하지만, 생각이 많은 사람은 나를 힘들게 한다. 그래서 때로는 자신을 돌보기 위해 생각을 너무 깊게 하지 않도록 멈추는 것도 중요하다.

생각을 멈춘다는 것이 말처럼 쉬운 것은 아니다. 그러나 부정적인 생각을 긍정적으로 바꾸는 것보다는 쉽다. 생각을 멈추기 위해서는 '행동'에 집중하는 것이 도움이 될 수 있다. 생각은 상상에서 일어나고 행동은 현실에서 일어나는 것이기 때문이다. 마음의 초점을 생각에서 '내가 지금 무엇을 할지'로 옮겨온다면 생각이 깊어져 부정적 감정으로 이어지는 것을 막을 수 있다.

모두에게 잘 보일 필요는 없다

5

감정을 편식하는
사람들

틀린 감정은 없다

상담실에는 소모품이 거의 없다. 있다면 종이와 펜 정도가
전부이다. 그 와중에 유일하게 많이 소모되는 물건은 휴지로, 지
금도 상담실 비품함에는 갑 티슈가 몇 박스 쌓여 있다. 그만큼
상담실에서는 많은 사람의 다양한 눈물을 마주하게 된다. 인영
씨는 항상 '죄송한 눈물'을 흘린다.

인영　(흐르는 눈물을 급히 닦으며) 아, 선생님 죄송해요.

나　어떤 게 죄송하세요?

인영　(쌓여 있는 휴지를 한곳으로 모으며) 매번 올 때마다 이
　　렇게 울어서요.

나 슬픈 것만 해도 힘들 텐데, 죄송하기까지 해서 마음
이 더 분주하고 힘들겠어요.

인영 씨는 뭔가를 이야기하다가 슬픔을 느꼈다. 그리고 슬
픔은 눈물로 표현되었다. 그러나 그 슬픔은 휴지에 닦여버렸고,
죄송하다는 말과 함께 죄책감에 묻혀버렸다. 눈물을 황급히 닦는
인영 씨의 모습은 마치 엄마에게 비밀 일기장을 들켜버린 어린
아이처럼 보였다.

비단 인영 씨만의 모습이 아니다. 사람들은 종종 자기가 느
끼는 감정을 미워하고 숨기려고 한다. 내 마음에서 느껴지는 여
러 감정을 공평하게 좋아해 주지 않고 편애한다. 가령 기쁘고, 즐
거운, 이른바 긍정적 감정은 예뻐한다. 그러나 슬픔, 불안, 분노
와 같은 부정적 감정은 미워한다. 눈물을 흘리거나, 누군가를 미
워하거나, 불안해서 긴장하는 나는 부적절하게 느낀다. 긍정적
감정을 느끼는 나는 적절하고, 부정적 감정을 느끼는 나는 부적
절하게 느낀다는 것이다. 그래서 사람들에게도 긍정적 감정만 많
이 느끼는 쾌활하고 밝은 사람으로 보이려고 노력한다. 부정적
감정을 느끼는 내 모습은 비밀 일기장처럼 숨기고 싶어 한다. 그
렇게 감정을 편식한다.

모두에게 잘 보일 필요는 없다

왜 우리는 감정을 편식하게 되었을까?

어느 날 집 근처 마트를 다녀오는데 일곱 살쯤 되어 보이는 아이와 엄마가 맞은편에서 걸어오고 있었다. 아이는 엄마 손을 뿌리치고 신나게 앞으로 뛰어나갔다. 그러다 발이 꼬여서 무릎을 쿵 하고 부딪히며 넘어졌다. 정말 아파 보였다. 아이는 바닥에 앉아 울기 시작했다. 엄마는 놀라서 달려와 우는 아이를 달랬다.

"괜찮아, 뚝 해야지. 하나도 안 아프다. 씩씩한 어린이는 이 정도로 안 울지~."

아이는 금세 울음을 그쳤다. 아이가 울음을 그치자 엄마는 머리를 쓰다듬으면서 흐뭇한 표정으로 칭찬해 주었다.

"씩씩한 거 봐. 다 컸네."

한번쯤은 봤거나 직접 경험한 적이 있는 광경일 것이다. 너무나 익숙한 이 모습에 무슨 문제라도 있는 것일까?

엄마는 아이의 울음을 달래는 데 성공했다. 아이는 씩씩하게 아픔을 이겨냈다. 그러나 아이는 본인의 슬픔과 고통을 존중받지 못했다. 고통스럽고 슬퍼서 눈물이 났지만, 눈물을 얼른 삼키고 빨리 괜찮아져야 했다. 게다가 이렇게 하니까 엄마가 머리도 쓰다듬어 주고 칭찬도 해주었다. 그렇게 아이는 본인의 감정을 편식한다. 슬프고 고통스러운 감정은 먹기 싫은 시금치처럼 멀리하게 된다. 힘들고 괴로워도 빨리 털고 일어나는 법만 배우는 것이다.

이런 식으로 우리는 감정을 온전히 느끼지 못하도록 배워 왔다. 특히 부정적 감정은 나쁜 것처럼 여겨지도록 하는 말들을 수없이 들어왔다. 대표적으로는 아래와 같은 말들이 우리가 감정을 편식하게 만든다. 만약 이런 말들이 당신에게 익숙하게 느껴진다면, 이미 당신도 자기도 모르게 감정 편식을 하고 있을지도 모른다.

슬퍼하지 마.

울지 마.

걱정할 필요 없어.

왜 이렇게 예민해.

이제는 털고 일어나야지.

언제까지 힘들어할 거야?

너만 힘든 거 아니야, 다 그래.

이런 말들은 부정적인 감정을 나쁜 것으로 만들어버린다. 긍정적 감정은 허용하고 부정적 감정은 부인하는 편식쟁이가 되는 것이다. 그러나 아무리 김치를 싫어해도 한국인의 밥상에는 늘 김치가 올라온다. 마찬가지로 아무리 부정적 감정을 느끼기 싫어도 인간인지라, 부정적 감정을 태어나서 죽을 때까지 느끼면서 살 수밖에 없다. 뭔가를 잃었을 때는 슬프고, 중요한 일을

모두에게 잘 보일 필요는 없다

앞두고 있을 때는 불안하다. 기분 나쁜 일을 당하면 억울하고 화도 난다. 게다가 앞에서 이야기한 것처럼 인간은 부정적 감정을 긍정적 감정보다 더 잘 느낄 수밖에 없다. 그렇게 당연한 부정적 감정을 느낄 때마다 그런 자기 자신을 못마땅하게 여기며 죄책감과 수치심을 적립하는 것이다.

화난 감정 부정하지 않기

대학생 시절 어느 날, 친구들과 술자리가 밤늦게까지 이어졌다. 모두 술이 거하게 오른 상태였다. 그런데 눈치 없는 친구 범석이가 갑자기 자기 핸드폰을 내 눈앞에 들이밀었다. 어떤 근육질의 훈남이 수영장에서 몸매를 자랑하고 있었다. 자세히 보니 내 전 여자 친구의 SNS였다.

"야 네 전 여친, 남자 친구 생겼나 본데? 어깨 장난 아냐."

오동통하게 살이 오른 내 뱃살과 사진 속 남자의 식스팩 사진이 시야에 동시에 들어왔다. 순간 욕이 목 끝까지 차올랐지만, 쿨한 척하고 싶어 겉으로는 태연하게 대답했다. "그러네. 남자 친구 몸 장난 아닌데?"

범석이는 히죽히죽 웃으며 말했다.

"너 화났지. 표정 완전 썩었는데?"

"화 안 났어. 내가 왜 화가 나~."

그렇지만 범석이는 그런 내 반응이 재밌었나 보다. "에이, 화난 거 맞잖아~"라면서 속을 긁었고, 나는 계속해서 화가 나지 않았음을 주장했다.

"화 안 났어. 괜찮아, 헤어진 지가 언젠데 내가 화가 나. 화 낼 만큼 좋아하지도 않았어."

그럼에도 범석이는 계속 나를 약올렸고, 결국 나는 소리를 질렀다.

"아 진짜 화 안 났다는데, 왜 자꾸 화났다 그래. 짜증 나게!"

순간 술자리 분위기는 싸해졌다. 돌이켜 보면 친구의 말이 맞았다. 나는 화가 났었다. 그것도 몹시, 많이. 그렇지만 쿨하지 못한 사람, 찌질한 사람으로 보일까 봐 마음속 분노를 존중하지 않았다. 그래서 화를 무시하고 숨기려고만 했다. 그러나 감정이란 것이 억압할 수는 있어도, 사라지는 것은 아니기에 친구가 계속 긁으니까 결국 폭발해 버리고 말았던 것이다.

이제 와 생각해 보면 나는 왜 마치 무슨 누명을 쓴 사람처럼 '화가 나지 않았음'을 주장하려 했을까? 몰랐지만 나도 감정을 편식하고 있었던 것이다. 마음속에서 '분노는 나쁘다'라고 생각하고 있었다. 게다가 나쁜 감정인 분노를 느끼고 있는 나에 대해 죄책감과 수치심을 느끼고 있었다. 그래서 더 격렬하게 분노를 부정했던 것이다.

만약 내가 화나는 감정을 부정하지 않고 수용했다면 어땠

모두에게 잘 보일 필요는 없다

을까? 처음 화가 났던 그 순간, 그러니까 범석이가 나에게 핸드폰을 보여줬던 그 순간에 쿨한 척하지 않고 내 감정에 충실했다면 "야. 기분 나쁘니까 치워"라고 했을 것 같다. 한 번 기회가 더 있었다. 화가 났냐고 비꼬면서 물을 때 "야. 보다 보니까 화나네. 그만했으면 좋겠다"라고 했을 수도 있겠다. 그러면 적어도 그 친구가 계속 나를 긁지는 않았을 것이다. 그리고 나의 분노도 소리를 지르고 주변을 싸하게 만들 만큼 커지지 않았을 것이다.

감정은 쓰나미가 될 수도,
서핑이 될 수도 있다

파도를 타면서 놀아본 적 있는가? 파도를 타는 방법은 생각보다 간단하다. 밀려오는 파도의 흐름에 따라 힘을 빼고 몸을 맡기면 된다. 파도와 잠시만 함께 넘실거리면 발이 닿는 안전한 곳까지 자연스럽게 밀려온다. 그런데 몰려오는 파도가 무서워서 파도에 맞서려고 하거나 피하려고 힘을 주면 오히려 파도에 잡아먹혀 물에 빠져버린다.

감정은 파도와 같다. 파도가 없는 바다는 없다. 마찬가지로 우리 마음에 감정이 없는 순간은 없다. 때로는 잔잔하게, 때로는 강렬하게 우리 마음에 언제나 감정은 파도치고 있다. 가끔 찾아오는 강렬한 감정의 파도를 잘 다루는 방법은 그 감정에 맞서거나 피하지 않고 있는 그대로 느끼는 것이다. 슬픔이 찾아오면 충분히 슬퍼하고, 화가 나는 일이 있으면 충분히 화를 내야 한다. 그렇게 충분히, 충실히 느끼고 나면 그 감정은 이내 잔잔해진다. 슬픈 영화를 볼 때 실컷 울고 나서 마음이 후련해지는 것도, 날 괴롭히는 부장에 대한 뒷담화를 옆자리 직원과 두 시간 동안 떠들다 보면 마음이 한결 가벼워지는 것도 같은 이유이다. 그러나 그 감정을 다른 감정으로 바꾸려 하거나, 피하려고 하면 파도에 잡아먹히듯 감정에 잡아먹혀 버린다. 그러면 그 감정은 원치 않는 상황에 원치 않는 방식으로 표현된다. 갑자기 이유 없이 눈물이 흐른다거나, 회사에서 쌓인 분노를 방구석 여포가 되어 푸는 것도 마찬가지이다.

파도에는 좋은 파도, 나쁜 파도가 없다. 당신의 마음에서 느껴지는 모든 감정도 좋고, 나쁨이 없다. 감정을 쾌와 불쾌를 기준으로 긍정적 감정과 부정적 감정으로 나눌 수 있다. 그러나 긍정적 감정이 옳은 감정이고, 부정적 감정이 틀린 감정이라는 것은 아니다. 긍정적 감정이든, 부정적 감정이든 다 옳다. 당신이 느끼는 모든 감정은 그것이 무엇이든 틀리지 않았다.

내 마음에서 일어나는 모든 감정을 있는 그대로 존중하고 수용하려 할 때 우리는 그 감정을 자유롭게 느끼며 즐길 수 있다. 그러나 자신의 감정을 존중하지 않고 편식할 때 우리는 자신을 부적절하게 여기며 죄책감과 수치심을 적립하는 것이다.

모두에게 잘 보일 필요는 없다

감정은 언제나 우리 마음과 함께하는 파도와 같으니 이 파도가 나에게 매번 쓰나미 같은 재앙이 될지, 서핑 같은 즐거움이 될지는 내가 감정을 얼마나 존중하느냐에 달렸다. 당신의 감정은 절대적으로 옳다.

6

당신은 노스트라다무스가
아니다

누구도 결과를
통제할 수 없다

8년 차 직장인 문경 씨는 퇴사에 대한 고민을 하고 있다. 부서장과 몇 년간 갈등을 겪으면서 폭언과 욕설도 들어야 했고, 업무상 불이익도 겪어야 했다. 스트레스가 쌓이다 보니 두통을 달고 살았고, 피부도 뒤집어지고, 말 그대로 몸과 마음이 망가졌다. 이 회사에 더 있다가는 정말 죽을지도 모르겠다는 생각이 들었다. 이런 생각이 든 지 벌써 2년이 지났지만 여전히 퇴사를 하지 못하고, 아픈 곳은 점점 늘어났다. 이제는 병원도 잘 가지 않는다. 병원에 가면 "스트레스성입니다. 스트레스 안 받으셔야 해요"라는 말을 들을 게 불 보듯 뻔하기 때문이다.

문경 씨의 뛰어난 업무 역량과 커리어를 생각해 보면 프리

모두에게 잘 보일 필요는 없다

랜서나 창업 시장에 뛰어들어도 충분히 경쟁력이 있었다. 그럼에도 아직 퇴사를 결정하지 못한 이유는 단 하나 '어떻게 될지 몰라서'였다. 상담에서 퇴사 후의 새로운 가능성을 이야기하다가도 "이직했는데 그곳이 더 별로일 수도 있잖아요", "프리랜서인데 일이 안 들어올 수도 있잖아요", "창업했다가 망하는 사례가 수두룩해서…"라는 말과 함께 한숨을 쉬었다.

사실 문경 씨가 하는 걱정은 퇴사를 앞두고 있다면 누구나 충분히 가질 만한 불안함이다. 그렇지만 문경 씨의 걱정은 불안함보다 두려움에 가까워 보였다. 그렇게 생각한 것은 문경 씨가 자신의 몸과 마음이 병들고 있음을 느낀 지 너무 오래되었다는 점 때문이다. 무려 2년이다. 이쯤이면 '이러다 죽을지도 모른다'는 생존 본능 때문에라도 진작에 사직서를 던질 만도 했다.

상담에서는 문경 씨가 정말로 두려워하는 것이 무엇인지 탐색하기 위해 성장 과정과 지금까지의 삶을 살펴보는 시간을 가졌다. 이 과정에서 나는 문경 씨가 삶의 역사 속에서 자신에 대한 깊은 죄책감과 수치심을 내면화했음을 알 수 있었다.

노스트라다무스도 미래를 정확히
예측할 수 없다

문경 씨처럼 죄책감과 수치심이 내면화된 사람들의 특징 중 하나는 결과를 통제하려 한다는 것이다. 더 구체적으로는 내 행동의 결과를 확실하게 예측하고자 한다. 행동의 결과가 좋지 않을 때 경험할 죄책감과 수치심이 너무 두렵기 때문이다. 그래서 행동에 따르는 수많은 변수를 분석해 확실한 결과를 예측해 내려 한다. 99퍼센트의 확신과 1퍼센트의 변수가 있을 때, 이들은 이 1퍼센트의 변수를 0퍼센트로 만들기 위해 노력한다. 생각하고 또 생각한다. 만약의 만약의 만약까지 고민한다. 그러한 고민 끝에 100퍼센트의 확신을 만들고, 결과를 통제할 수 있으리라고 믿는다. 하지만 그 믿음은 무조건 실패한다. 이 세상에 100퍼센트의 확률은 없기 때문이다. 결국 100퍼센트의 확신을 만들지 못하기에 새로운 행동을 시도하지 못한다. 그렇게 고민만 하고 어떠한 행동도 하지 못하다가 기회를 놓치거나 고통스러운 상황에 계속 머물게 된다.

노스트라다무스의 예언도 100퍼센트 적중하는 것은 아니다. 심지어 우리는 노스트라다무스도 아니다. 우리 삶은 예측할 수 있는 것보다, 예측할 수 없는 것이 더 많다. 멀리 갈 것도 없이, 고작 내일조차도 예측할 수 없다. 어제의 나는 오늘의 내가 지금 이 늦은 저녁까지 아직도 이 글을 붙잡고 있을 줄은 꿈에도

모두에게 잘 보일 필요는 없다

몰랐다. 어제의 나는 오늘의 내가 오전까지, 적어도 오늘 5시 이전까지는 이 글을 마무리했을 것이라고 믿었다. 그러나 내 믿음은 빗나갔다. 오전에는 생각보다 컨디션이 너무 안 좋았고, 오후에는 예정에 없던 긴급 상담이 잡혀버렸기 때문이다.

당신도 마찬가지일 것이다. 누구나 어린 시절에 어른이 되면 내가 어떤 모습이 되어 있을지 생각해 봤을 것이다. 당신은 지금 그 시절 상상했던 '어른의 모습'이 되어 있는가? 어릴 때 나는 내가 어른이 되면 날씬할 줄 알았다. 이 나이쯤 되면 돈 걱정도 없을 줄 알았다. 무엇보다 내가 상담사가 되리라고는 단 0.1퍼센트도 예상하지 못했다. 이렇게 나와 가장 가까운 나조차도 예측할 수 없고 통제할 수 없다.

우리 삶에 우연이 미치는 영향

비슷하게 우리 삶에서는 내가 통제할 수 있는 것보다 통제할 수 없는 것, 즉 '우연'이 더 많다. 오늘 아침 출근길에 갑자기 사고가 나서 지각하는 것도, 직장 상사의 기분이 안 좋은 것도, 뜻밖의 보너스를 받게 되는 것도 대부분 내가 통제할 수 있는 것이 아니다. 이것은 모두 우연이다.

당신이 뭔가를 성취하기 위해 부단히 노력해도 우연의 도움이 없다면 성취할 수 없다. 예를 들어, 당신이 열심히 공부해서 공무원 시험에 합격했다고 하자. 과연 이 합격이 노력만으로 이뤄진 것일까? 여기에는 수많은 우연의 도움이 숨어 있다. 시험 날 아침에 교통사고가 나지 않은 것, 다녔던 학원 선생님의 역량이 뛰어난 것, 공부했던 교재의 적중률이 높았던 것, 그날 시험에서 내가 좋아하는 창가 자리에 앉게 된 것, 시험 문제 중 알고 있는 문제가 많았던 것 등등 이러한 우연들은 당신의 노력과는 무관하게 합격이라는 결과에 영향을 준 것이다. 당신이 아무리 노력했어도 이러한 우연들 중 어느 하나라도 당신을 돕지 않았다면 합격이라는 결과를 얻을 수 있었을까?

'우연'의 중요성을 깨닫게 된 나의 에피소드를 하나 더해보겠다. 석사 졸업 후 나는 같은 전공 사람들이 꽤 부러워할 만한 상담 센터에 취업하게 되었다. 보통 나 같은 초보 상담사가 감히 지원하지 않는 센터였지만 이력서를 넣어나 보자는 마음으로 초상향 지원을 했는데 합격이 되어버린 것이다. 충분한 수련 과정을 거쳤다고 해도 아직은 초보 상담사인 내가 그 센터에 취업했다는 사실에 주변 사람들은 많이 놀라워했다. 그러한 주변 반응을 보면서 나는 굉장히 기뻤다. 대단한 사람이 된 것 같았기 때문이다.

그렇게 그 센터에 출근하고 며칠 뒤 새로운 사실을 알게 되었다. 내가 이 센터에 지원할 때 경쟁률이 생각보다 훨씬 높았고, 지원자 중에는 내 선배들도 여럿 있었다는 것이다. 이들은 나보

모두에게 잘 보일 필요는 없다

다 상담사로서 경력도 월등히 길었고, 스펙도 훨씬 뛰어났다. 이런 대단한 사람들과의 경쟁에서 이겼다는 사실에 나의 자부심은 하늘을 찔렀다. 그런데 문득 이상한 느낌이 들었다. 선배들과 나의 스펙, 경력의 차이가 커도 너무 컸기 때문이다. 아무리 생각해봐도 나를 뽑은 이유를 알 수가 없었다. 그러한 의아함을 가지고 몇 달간 업무를 해보니, 자연스럽게 내가 채용된 이유를 알 수 있었다.

그 센터에 들어갈 수 있었던 것은 다름 아닌 내가 '초보 상담사'였기 때문이다. 당시 그 센터는 매출이 떨어져 새로운 시도가 필요한 시점이었다. 기존과는 다른 새로운 상담 프로그램을 개발하고 도전적으로 일할 상담사가 필요했다. 새롭고 도전적으로 일을 벌리기 위해서는 기존 방식에 익숙하고 숙련된 상담사보다 아직 아무것도 모르는 초보 상담사가 더 적합했을 것이다. 때마침 그 센터의 상황이 그러하지 않았다면 나 같은 초보 상담사가 채용되었을 리가 만무하다. 한마디로 나의 취업은 운이 좋았던 것이다.

노력해도 안 될 수 있지만,
그래도 할 수 있는 건 노력뿐

이렇듯 우리가 하는 행동의 결과는 대부분 운의 영향이 크다. 혹시 이런 말을 하는 내가 운명론자처럼 느껴지는가? 분명히 말하지만 나는 운명론자가 아니다(참고로 믿고 있는 신도 없다). 그렇지만 우리가 결과를 통제할 수 없다는 생각은 같다. 통제할 수 있는 것은 오로지 '나의 행동'뿐이다. 다른 우연들도 통제할 수 없으며, 결과도 통제할 수 없다.

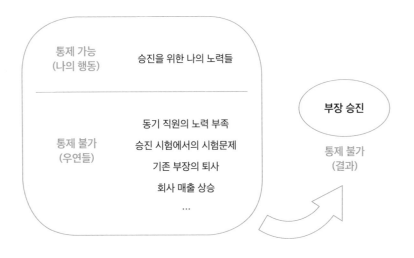

승진하고 싶다면 내가 통제할 수 있는 것은 오로지 승진을 위해 노력하는 것뿐이다. 그리고 이러한 노력이 승진의 확률을 높이긴 하지만, 그렇다고 승진이 보장되는 것은 아니다. 결과는 통제할 수 없기 때문이다. 결과에 영향을 미치는 수많은 우연은 나의 통제 범위 밖에 있는 것이다. 예를 들면, 동기 직원이 노

모두에게 잘 보일 필요는 없다

력을 덜 해 경쟁에서 내가 유리해지거나, 승진 시험 문제가 내가 잘 아는 범위에서 출제되거나, 부장이 퇴사해 공석이 생기는 일은 내가 통제할 수 없는 것들이다.

죄책감과 수치심에서 벗어나고 행복한 삶을 살기 위해서는 내가 결과를 완전히 통제할 수 없다는 사실을 받아들여야 한다. 우리가 불행해지는 것은 내가 통제할 수 없는 것들, 우연이나 결과를 통제하려고 할 때이다. 사연 속 문경 씨가 괴로운 것도 퇴직 후의 결과와 여러 변수를 통제하려고 하기 때문이다. 문경 씨가 통제할 수 있는 것은 퇴사할 것인가 말 것인가, 퇴사한다면 그 후 어떤 노력을 할 것인가, 퇴사하지 않는다면 지금 자신을 지키기 위해 어떤 노력을 할 것인가일 뿐이다. 당신이 지금 하는 고민이 혹시 결과에 대한 것이라면 이제 그만 하자. 대신 내가 어떤 행동을 할 것인가를 고민해 보자.

7

우리는 민폐를
주고받으며 살아간다

때로는 민폐가
소중한 관계를 만든다

세나 씨는 번아웃이 오고 있는 것 같다며 상담실을 찾았다.
첫 면담에서 2년간 휴가는커녕 연차도 한 번 쓴 적이 없다는 세
나 씨의 말에 나는 놀라지 않을 수 없었다. 번아웃이 안 오는 게
더 이상한 것 아닌가.

> **나**   연차를 지난 2년간 한 번도 안 쓴 이유가 있을까요?
>
> **세나**   제가 워커홀릭은 아니고요. 회사가 대표님 포함해서
>   직원이 총 다섯 명밖에 없는 작은 회사거든요. 그래
>   서 한 명이 빠지면 업무가 되게 복잡해져요.
>
> **나**   그렇군요. 그럼 다른 분들은 어때요?

　　　　　　　　모두에게 잘 보일 필요는 없다

세나 아무래도 연차 쓸 때 눈치 보는 분위기죠. 다들 연차를 소진하지 못하는 거 같아요.

나 그런 분위기에서 다들 세나 씨처럼 연차를 쓰지 못하고 있군요.

세나 근데 보면 또 그 와중에 다들 어떻게든 쓰긴 쓰더라고요. 저처럼 하나도 안 쓴 사람은 없어요. 아무래도 제가 맡은 일이 좀 많은 편이고, 제가 빠지면 좀 다른 사람들이 많이 힘들어지는 부분이 있어서….

우리는 타인에게 피해를 주지 않고 살기 위해 노력한다. 좋은 인간관계를 위해서, 그리고 함께하는 사회를 위해서는 분명히 서로서로가 피해를 주지 않으려는 노력이 필요하다. 그런데 죄책감과 수치심이 내면화된 사람들은 내가 타인에게 주는 피해에 과하게 민감하다. 정작 상대방은 그렇게 생각하지 않는데 스스로는 큰 민폐를 끼쳤다고, 혹은 끼칠까 봐 과도하게 걱정한다. 피해자는 없는데 가해자만 있는 꼴이다. 그러다 보면 타인에게 민폐를 주지 않으려다가 스스로 자신에게 민폐를 끼치기도 한다. 세나 씨가 자신에게 '번아웃'이라는 민폐를 주는 것처럼 말이다.

이들이 생각하는 '민폐'의 범위는 대단히 광범위하다. 누군가는 나의 힘든 이야기를 가까운 사람에게 털어놓는 것도 민폐라고 생각한다. 상대방이 내 힘든 이야기를 듣다 보면 나의 힘든 감정이 전염되어 그도 힘들어진다는 것이다. 아주 틀린 말은 아니다. 누군가의 힘든 이야기를 계속해서 듣기란 분명 쉽지 않다. 그래서인지 이들은 친구를 만날 때도, 애인을 만날 때도, 가족과 함께 있을 때도 늘 그들의 힘든 이야기를 들어주는 역할만 한다. 그러나 관계란 것이 서로 술 한잔, 커피 한잔 마시고 서로의 힘듦을 공유하면서 가까워지는 것 아니겠는가. 때로는 뒷담으로, 때로는 하소연으로 서로의 힘듦을 나누며 관계가 더욱 깊어지기 마련이다.

"야, 어제 우리 팀 김 대리 때문에 내가 얼마나 고생한 줄 알아? 어제 글쎄 있지…."

"진짜 장난 아니네. 완전 열받았겠다. 야, 근데 나도 어제 언니랑 완전 싸웠잖아. 무슨 일이었냐면…."

그러나 죄책감과 수치심이 내면화된 사람들은 자신의 힘듦을 공유하지 않는다. 그렇기에 주변 사람들은 이들에게 거리감을 느낀다. 함께 지낸 시간은 오래되었는데 이들에 대해 아는 게 없으니 말이다.

사실 이들이 민폐를 끼치지 않으려고 노력하는 이유는 '좋은 관계'를 위해서이다. 그러나 결과적으로 이들은 주변 사람들에게 민폐를 끼치지는 않았지만 깊은 관계는 맺을 수 없게 된다.

모두에게 잘 보일 필요는 없다

당신은 누군가에게 반드시 민폐를 끼친다

직장 생활 12년 차, 팀장 3년 차인 형미 씨는 여전히 바쁘다. 다른 팀장들에 비해 형미 씨가 더욱 일에 치이는 것은 팀원들에게 업무 지시를 제대로 하지 못하기 때문이다. '아직 신입 사원이라 잘 모를 것 같아서', '요즘 육아 때문에 많이 힘들어 보여서', '다른 일이 많아 보여서', '어쩐지 오늘은 기분이 안 좋아 보여서' 등등이 이유이다. 중간 관리자로서 팀원들에게 업무를 적절히 분배하는 것도 본인의 역할이란 것을 알지만, 왠지 업무를 지시하는 게 폐 끼치는 것 같아서 본인이 어지간한 일을 도맡았다.

그렇게 무리해 오던 형미 씨는 결국 회사의 사활이 걸린 중요한 프로젝트에서 심각한 공황 증상을 동반한 번아웃이 오고 만다. 아무것도 할 수 없었던 형미 씨는 프로젝트의 중반부에서 어쩔 수 없이 하차하고 휴직에 들어가게 된다. 프로젝트의 거의 모든 일을 도맡고 있던 형미 씨가 빠지자 프로젝트는 자연스럽게 실패해 버리고 만다. 결국 회사는 막대한 손해를 입었다. 게다가 코로나19 사태까지 터지면서 회사는 불가피한 구조 조정에 들어가고, 결국 형미 씨 팀도 분해되어 버렸다.

이 모든 과정을 집에서 전해 들은 형미 씨는 자기 때문에 이런 일이 생긴 것 같아 죄책감이 들었다. 건강관리 하나 제대로 하지 못한 자신이 너무 창피했고 쥐구멍에라도 숨고 싶은 심정이었다.

이처럼 때로는 다른 사람에게 폐를 끼치고 싶지 않아서 노력했으나, 오히려 그 노력 때문에 더 큰 폐를 끼치기도 한다. 벼룩 잡으려다 초가삼간 다 태우는 격이다. 벼룩만 한 죄책감을 없애려다가 집채만 한 죄책감과 수치심을 적립하는 것이다.

게다가 우리는 매 순간 다른 사람들에게 폐를 끼치며 살고 있다. 내가 지금 사용하는 플라스틱 빨대 하나도 환경 오염의 원인이 되고, 이는 사람들이 깨끗한 공기를 마시고 사는 데 폐를 끼친다. 사실 그렇게 생각하면 내가 숨을 내쉬는 것만으로도 타인은 좀 더 더러운 공기를 들이마셔야만 한다. 이렇게 생각하면 숨 쉬는 것만 해도 민폐이다. 요즘 같은 시국에는 외출하는 것 자체가 민폐일 수 있다. 나의 외출이 타인의 감염 확률을 0.000001퍼센트라도 올리는 행위이기 때문이다.

이러한 여러 사례를 통해 당신이 꼭 인정했으면 하는 것은 우리는 타인에게 폐를 끼치면서 살 수밖에 없다는 것이다. 아무리 조심해도 그냥 살아가는 것만으로도 폐를 끼칠 수 있다는 것이다. 서로의 물리적, 정서적 접촉이 있는 한 반드시 타인에게 피해를 준다. 각자가 서로의 무균실에서 세상과 단절된 채 살지 않고서야 서로 피해를 주고받지 않는 것은 불가능하다.

그러니 포기해라. 아무리 몸부림쳐도 당신은 타인에게 피해를 주면서 살 수밖에 없다.

모두에게 잘 보일 필요는 없다

적당한 민폐는 좋은 관계를 만든다

인간관계를 떠나 모든 만물의 관계는 근본적으로 상호 호혜적일 수만은 없다. 서로에게 도움이 되기도 하지만 피해가 되기도 한다. 그렇게 서로 피해와 도움을 주고받는 것이 관계의 본질이다. 자연은 우리에게 숨 쉬고 살 수 있는 환경을 제공해 주지만, 가끔은 자연재해로 우리의 생명을 앗아가기도 한다.

우리 집 고양이들 냐냐와 누누도 나에게 피해를 준다. 냐냐와 누누는 아침 5시만 되면 무슨 짓을 해서라도 나를 깨운다. 자고 있는 내 얼굴에 냥냥펀치를 날리고 귀 옆에서 울기도 한다. 또 명치 위에 올라가서 식빵을 굽기도 한다. 지금은 좀 적응이 되었지만 처음에는 고양이 때문에 잠을 못 자서 종일 피곤했던 적도 있다. 나 또한 고양이에게 피해를 준다. 내가 고양이를 데려오지 않았다면 고양이는 원래 살던 시골 마당에서 더 자유롭게 자랐을지도 모른다.

그러나 나는 고양이의 자유를 뺏었지만 안전하고 따뜻한 환경을 제공했다. 그리고 고양이는 내 잠을 깨우지만 하루를 웃으면서 시작하게 해준다. 이렇게 나와 고양이들은 서로가 서로에게 긍정적, 부정적인 영향을 주고받는다. 그러면서 우리는 더욱 가까워지고 서로에게 소중한 존재가 되었다.

인간관계도 마찬가지이다. 잘 생각해 보면 정말 가깝고 소중한 관계일수록 마냥 좋을 수만은 없다. 오히려 적당히 거리가 있는 사이일 때는 마냥 좋게만 관계를 맺을 수 있다. 그러나 가까운 관계일수록 서로에게 화가 나고 실망하는 일도 많고 싸울 일도 많다. 성인이 된 우리가 카페에서 커피 한잔하면서 사귄 사람보다, 어린 시절 놀이터 흙바닥에서 코피 흘리면서 싸웠던 친구와 더 가깝게 지내는 것도 같은 이유에서이다. 우여곡절을 함께할 때 그 관계는 더욱 짙어진다.

관계라는 것이 그렇다. 내가 상대방에게 기대면 상대방이 조금 버거워할 것을 알지만 그래도 기대고, 반대로 상대방이 조금 무거워도 나에게 기대도록 해주면서 마음을 나누는 것이다. 사람 인人의 모양처럼 말이다. 그러니 가깝게 지내고 싶은 관계일수록 폐 끼치는 것을 두려워하지 않았으면 좋겠다.

모두에게 잘 보일 필요는 없다

4장

나를
우선순위에 두는
심리 연습

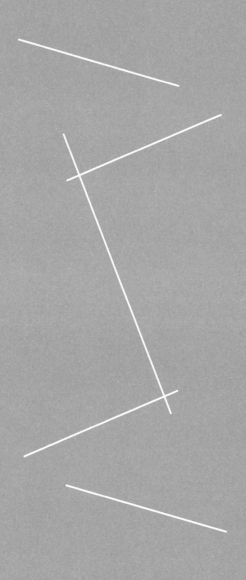

1

마음의 목소리를
알아차려야 하는 이유

알아차림은 내 마음속
내비게이션을 작동시킨다

대학생 시절 첫 아르바이트를 할 때였다. 출근 둘째 날 작은 실수 하나를 했다. 직원이 다가와서 친절하게 웃으며 말했다.

"아직 처음이라 몰라서 실수한 거니까 괜찮아요."

몇 달 뒤 안타깝게도 나는 그때 했던 실수를 또 해버렸다. 몇 달 전 친절했던 그 직원은 미간을 잔뜩 찌푸리며 말했다.

"그땐 몰라서 그랬다고 쳐도… 아니 지금은 알면서도 이렇게 실수하면 안 되지."

눈물이 쏙 빠지게 혼났다. 아는데 안 되는 게 더 괴롭다. 몰라서 못하는 것은 용서가 되는데, 알면서 못하는 것은 용서가 안 된다. 이것은 자신에게도 그렇다. 알면서도 못하는 나를 발견할 때 자신을 용서하기 어렵다. 어떻게 해야 다이어트에 성공하는지 모르는 사람은 없다. 적게 먹고 운동하면 된다. 학창 시절에도 어떻게 해야 성적이 잘 나올지는 사실 모두가 알고 있다. 남들 자는 시간에 공부하면 된다. 그런데 문제는 아는데 안 되는 것이다.

'나는 왜 알면서도 아까 치킨을 시켜 먹었을까?'

'나는 왜 알면서도 책을 덮고 자버렸을까?'

치킨을 시켜 먹고, 책을 덮고 자버린 것만으로도 괴롭지만, 그것이 나에게 이롭지 않은 행동이라는 것을 너무나도 잘 알면서도 그렇게 했다는 사실에 더 괴롭다. "왜 난 알면서도 안 될까? 나는 정말 '노답'이야"라며 자책한다. 알면서도 못하는 내가 바보 같고 창피하다. 그렇게 또 한번 죄책감과 수치심을 적립한다.

이런 자책의 기저에는 많은 사람이 지닌 잘못된 신념이 있다. 바로 '알면 될 거다'라는 신념이다. 방법만 알면 이것을 바로 실천으로 옮기고 문제를 해결할 수 있으리라는 생각이다. 정말 천만의 말씀이다. 배움(학습) → 실천 → 문제 해결의 프로세스가 물 흐르듯 이어지는 것은 이 세상에 AI 로봇밖에 없다. 알파고가 딥러닝을 통해 바둑을 익히고 이를 바로 실천으로 옮겨서 이세돌 9단을 이겨버린 것은 알파고가 인간이 아니라서 가능했다. 인간이 알파고처럼 딥러닝을 한다고 해서 그것을 그대로 실전에 적용할 수는 없다.

우리는 인간이기에 앎과 실천 사이에 큰 간극이 있는 것이

모두에게 잘 보일 필요는 없다

당연하다. 내가 머리로 아는 만큼 실천할 수 있는 사람이라면, 지금쯤 프로이트를 능가하는 위인급 상담사가 되지 않았을까? 축구 덕후인 내 친구가 아는 만큼 실천할 수 있다면, 친구는 지금 손흥민과 어깨를 나란히 하는 축구 선수가 되어 있을 것이다(현실은 나보다도 못한다). 사람들이 모두 학교 도덕 수업 시간에 배운 대로만 실천하고 산다면 범죄 따위는 이 세상에 존재하지 않을 것이다. 그러니까 알지만 못 하는 자신을 자책하지 않았으면 좋겠다. 당신은 알파고가 아니라 인간이다.

자아실현 경향성: 내 마음의 내비게이션

채린 씨는 꽤 오랜 기간 상담을 진행했지만, 여전히 내면화된 죄책감과 수치심으로 대인 관계에서 비슷한 패턴의 어려움을 겪고 있었다. 이번 주에도 회사에서 동료의 부탁을 거절하지 못하고 엉겁결에 과도한 일을 떠맡아 버렸다. 상담에서 채린 씨는 좌절하며 말했다.

> **채린** 선생님, 제가 왜 자꾸 이런 문제를 겪는지는 이제 정말 잘 알겠어요. 제 마음속에 있는 죄책감이나 수치심이 이런 문제로 이어지는 것 같아요.
>
> **나** 그렇죠. 잘 알고 있네요.

채린 그런데요 선생님, 그게 무슨 소용이 있나 싶어요. 상
담에서 제가 왜 이러는지, 어떤 노력들을 해야 하는
지 알게 됐지만… 알지만, 그래도 안 돼요. 알아도 어
차피 안 되는 거면, 굳이 아는 게 필요한가요?

채린 씨의 질문은 너무나 타당했다. 앞서 말한 것처럼 아는
것과 실천하는 것은 별개의 문제이기 때문이다. 알아봤자 어차피
안 되는 거면 알 필요가 없는 것 아닌가? 그러나 이 질문에 나는
단호하게 답할 수 있다.

"그럼에도 불구하고 알아야 합니다. 더 정확히 말하자면 계
속 알아차리고, 또 알아차리려고 해야 합니다."

인간은 알면, 비록 천천히라도 그 방향으로 조금씩 움직이기
때문이다. 우리 마음에는 누구나 하나씩 내비게이션을 가지고 있
다. 내비게이션에 현재 위치와 목적지를 입력하면 친절하게 길 안
내를 해준다. 비록 중간중간 실수하거나 잘못된 운전 습관으로 엉
뚱한 길로 빠질 때도 있지만, 그럴 때도 내비게이션은 포기하지
않고 "경로를 재탐색합니다"라는 말과 함께 우리를 목적지로 이
끌어준다. 내비게이션이 있기에 천천히라도 목적지를 향해 갈 수
있는 것이다.

모두에게 잘 보일 필요는 없다

우리 마음의 내비게이션을 상담심리학에서는 자아실현 경향성self-actualizing tendency이라고 한다. 튤립은 본능적으로 스스로가 가장 잘 피어날 수 있는 방향으로 자라난다고 한다. 인간 역시도 자기 성장에 도움이 되는 방향으로 움직이는 선천적인 경향성이 있다. 이것이 바로 인본주의 심리학자인 칼 로저스Carl Rogers가 말한 자아실현 경향성이다. 간단하게 설명하면 자아실현 경향성은 더 나은 내가 되려고 하는, 내가 원하는 내가 되려고 하는 타고난 본능을 의미한다. 아래 상황을 잠깐 떠올려보자.

당신이 지금 고속도로에서 엄청나게 과속을 하고 있다. 그런데 다른 생각을 하고 있느라 과속을 하고 있다는 것을 몰랐다. 그러면 아마 계속 과속으로 달릴 것이고 큰 사고가 날지도 모른다. 그러다 어느 순간 문득 옆 차보다 내 차가 빠른 속도로 달리고 있다는 것을 알아차린다. 차의 계기판을 살펴보니 140킬로미터인 것을 확인했다. 그러면 아마 화들짝 놀라 속도를 줄일 것이다. 이것이 안다는 것, 알아차림의 중요성이다. 계기판을 확인하면 본능적으로 속도를 줄이는 것처럼, 내가 내 모습을 알아차리면 나에게 이로운 방향으로 행동하게 된다.

거울 속 주름진 내 얼굴을 보고 냉장고 깊은 곳에 묻어둔 마스크 팩을 찾는 것도, 시대가 아무리 바뀌어도 여전히 서점에서는 자기계발서가 불티나게 팔리는 것도 모두 같은 이유이다. 더 나은 나, 내가 원하는 나로 나아가고 싶은 자아실현 경향성 때문이다.

내비게이션이 잘 작동되게 하려면

내 마음의 내비게이션. 즉, 자아실현 경향성을 잘 발현하고 살기 위해서 우리가 해야 할 일은 계속 알아차리는 것이다. 내가 어떤 사람인지, 내가 어떤 사람이 되고 싶은지 계속해서 알아차려야 한다. 그 과정에서 보기 싫은 내 모습을 볼 수도 있고, 계속 제자리걸음을 하는 것 같아서 좌절할 수도 있다. 그렇지만 그럼에도 계속 봐야 하고 알아차려야 한다. 살을 빼고 싶다면 무서워도 계속 체중계에 올라가 봐야 한다. 부자가 되고 싶다면 마음이 아파도 통장 잔액을 계속 확인해야 하고, 배가 아파도 부자들의 이야기를 들어봐야 한다.

이렇게 나를 관찰하고 알아차리는 과정들 자체가 사실은 제자리걸음이 아니라는 것도 기억했으면 좋겠다. 채린 씨도 자신이 제자리걸음을 하고 있다고 생각했지만, 좀 더 이야기를 나눠보면서 변화들을 알아차릴 수 있었다. 오늘 식당에서 당당하게 김치를 더 달라고 요구했던 것도, 지난 주말 피곤에 찌들어 있을 때 엄마가 외출 나가자고 하는 요구를 거절했던 것도, 며칠 전 회사에서 누군가 해야 할 일에 나서지 않았던 것을 발견해 냈다. 분명히 채린 씨는 제자리걸음을 하고 있지 않았다. 종종걸음일지 몰라도 분명히 조금씩 조금씩 나아가고 있었다.

생각해 보면 어린 시절 키가 쭉쭉 자랄 때도, 정작 나는 내 키가 크고 있는 것을 잘 몰랐다. 어느 날 문득 "어? 내가 이렇게

모두에게 잘 보일 필요는 없다

컸나?"라고 깨닫거나 주변에서 "이야, 너는 볼 때마다 키가 큰다"라고 할 때나 알아차렸다.

내가 어떤 사람인지 어떤 사람이 되고 싶은지 알아차리는 것을 멈추지 않는 한 당신은 분명히 1센티미터씩이라도 성장한다. 그리고 그 알아차림은 차곡차곡 쌓여 어느새 5센티미터가 되고 10센티미터가 된다. 10센티미터쯤 크면 나도 알고 주변도 알아본다. 분명히 다른 사람이 되어 있다는 것을 말이다.

2

과도한 죄책감과
수치심에서
벗어나기 위한 첫걸음

감정도 습관이지만
다른 습관들과는 다르다

"감정도 습관이다"라는 말이 있다. 우울한 사람은 습관처럼 자꾸만 우울한 감정을 느끼고, 불안한 사람은 습관처럼 계속 불안해한다는 것이다. 죄책감과 수치심도 마찬가지이다. 죄책감과 수치심에 익숙해지면 자꾸만 관성처럼 그 감정을 자주 느낀다.

습관을 만들거나 없애는 것은 참으로 어려운 과정이다. 그러나 원리는 매우 간단하다. 원하는 목표 행동을 더 하거나, 덜 하다 보면 습관이 되는 것이다. 예를 들어, 금연이라는 습관을 들이고 싶을 때는 흡연이라는 행동을 덜 하면 된다. 운동하는 습관을 만들고 싶다면 운동을 더 자주, 많이 하면 된다. 긍정적으로 생각하는 습관을 가지고 싶다면, 긍정적인 생각을 더 많이 하면 된다.

그런데 감정은 다르다. 감정을 습관이라고 봤을 때, 감정은 여느 습관과 다르게 직접적으로 더 느끼거나, 덜 느끼는 것이 어렵다. 감정은 우리가 직접 통제할 수 있는 것이 아니기 때문이다. 예를 들어서, 우울이라는 습관을 없애고 싶어서 '이제부터 그만 우울해야지!'라고 한다고 해서 우울감이 덜 느껴지는 것이 아니다. 반대로 즐거움이라는 습관을 만들고 싶어서 '앞으로 즐거움을 많이 느껴야지!'라고 한다고 해서 즐거움을 더 느낄 수는 없다는 것이다. 죄책감과 수치심도 마찬가지이다. 지금까지 죄책감과 수치심이 우리 삶을 얼마나 힘들게 하는지 살펴보았지만, '죄책감과 수치심을 덜 느끼도록 해봐야지' 한다고 해서 그것을 덜 느낄 수는 없다는 것이다.

그렇다면 우리는 감정의 노예로 살아야만 하는 것이냐고 묻는다면 그렇지는 않다. 우리는 감정을 직접적으로 통제할 수는 없지만, 감정에 영향을 미치는 다른 요소들을 조절함으로써 간접적으로 감정을 통제할 수 있다. 감정에 영향을 미치는 요소들은 수없이 많지만 대표적으로는 생각, 행동, 언어가 있다. 이러한 요소들은 우리의 의지로 제어할 수 있는 것들이다. 죄책감과 수치심 역시도 이러한 감정에 영향을 미치는 생각 습관, 행동 습관, 말하는 습관을 통해 줄여나갈 수 있다.

그러나 이 과정 또한 쉬운 것은 아니다. 나는 보통 이 과정을 다이어트에 비유한다. 지키기는 어렵고 깨지기는 쉽기 때문이다. 그렇기에 다이어트는 이번 여름용 단기 완성 코스가 아니라 평생 과업이다. 내면화된 죄책감과 수치심을 조절하는 습관 역시도 단기전이 아니다. 조급하게 빨리 변해야 한다고 마음먹으면 그만큼 쉽게 좌절하고 포기한다. 좀 더 길게 보고 천천히, 오랫동안, 평생 해나가야 할 장기 미션이라고 생각해야 한다. 쉬운 과정은 아니지만 분명히 변할 수 있다. 지금까지 9년이라는 시간 동안 나와 상담실에서 만난 수많은 내담자도 죄책감과 수치심에서 어느 정도 자유로워지는 경험을 했다.

지금부터는 과도한 죄책감과 수치심에서 벗어나기 위해서 우리가 해야 할 노력들을 살펴볼 것이다. 이를 위해 어떻게 생각하고 행동하고 언어를 사용하는 것이 도움이 될지에 대해 이야기 나눠볼 것이다. 쉽지 않은 과정이지만, 이를 통해 과도한 죄책감과 수치심으로부터 조금은 자유롭게 살 수 있기를 기대한다.

"죄송합니다"라고 말하다 보면
정말 죄송한 사람이 된다

유빈 씨는 오늘도 어깨를 축 늘어트리고 힘없는 목소리로 이야기를 꺼냈다.

유빈 오늘은 차장님한테 한 소리 들었어요.

모두에게 잘 보일 필요는 없다

나   무슨 일이었어요?

유빈   차장님이 지난주에 떠넘긴 일이 있었는데, 처음 해보는 거라서 열심히 했는데도 시간이 오래 걸리더라고요. 차장님이 오늘은 도저히 못 기다리시겠는지, "아직 멀었어요? 하기 싫은 거면 그냥 다시 넘겨요"라면서 핀잔을 주시더라고요.

나   아이고 그랬구나. 그래서 어떻게 했어요?

유빈   죄송하다고 했죠 뭐.

나   어떤 마음이었어요?

유빈   속상했어요. 떠넘긴 거긴 하지만 나름 믿고 맡기신 건데. 어려운 일도 아니고, 이거 하나 못하는 거 같아서 제 자신이 답답했어요. 하기 싫었던 건 아닌데….

유빈 씨의 차장은 일을 떠넘겼고, 유빈 씨는 처음 해보는 일인데도 불구하고 나름 열심히 했다. 물론 차장의 기대만큼 빠르게 일이 마무리되었다면 참 아름다운 결말이었겠지만, 그건 '희망' 사항이지 '필수' 사항이 아니다. 차장은 자신의 희망이 좌절된 것에 대해 유빈 씨를 맹목적으로 비난했다. '할 마음이 없다'라는 평가까지 더해서 말이다. 그런데 유빈 씨는 억울하고 화가 나는 상황에서 자신을 비난하고 있다. 마치 '욕 먹을 만했다'고 생각하는 것이다.

언어가 갖는 힘은 대단하다. 3세대 인지 행동 치료인 수용전념치료ACT의 근간이 되는 관계구성틀이론RFT에 따르면 인간의 언어는 관념이 되고, 이러한 관념은 우리의 사고와 행동에 막강한 영향을 미친다고 한다. 복잡한 말 같지만 간단히 설명하면 언어와 마음은 닭과 달걀 같은 관계라는 것이다. 즉 마음이 언어를 낳지만, 언어가 마음을 낳기도 한다. 즐거우면 노래를 부르지만, 노래를 부르면 즐거워지기도 한다. 화가 날 때 욕을 하지만, 욕을 하다 보면 더 화가 나기도 한다. 이는 우리가 습관적으로 사용하는 '죄송', '미안'이라는 말에서도 마찬가지이다. 죄책감이 '죄송', '미안'이라는 말로 이어질 수 있지만, 반대로 '죄송', '미안'이라는 말이 죄책감으로 이어질 수도 있다. 이러한 죄책감은 쌓이고 쌓여 수치심으로 이어진다. 습관적으로 그 말들을 입에 달고 살면, 불필요한 죄책감과 수치심이 쌓이고, 이것은 또다시 '죄송', '미안'이라는 말로 이어진다. 이렇게 악순환의 고리가 반복되는 것이다. 유빈 씨도 어쩌면 이러한 악순환의 고리에 빠진 것일지도 모른다.

만약 내가 이러한 악순환의 고리에 빠진 것 같다면 지금부터 소개하는 훈련이 도움이 될 수 있다. 이 훈련은 쉽지 않은 과정이다. 반복하고 실천하는 것이 중요하다는 것을 꼭 명심했으면 좋겠다.

모두에게 잘 보일 필요는 없다

1단계: 죄책감과 수치심 알아차리기

감정 조절을 위해 가장 우선이 되어야 하는 것은 '알아차림'이다. 내가 무엇을 느끼는지, 내 감정이 무엇인지 알아차리는 것이다. 표적을 알아야 화살을 쏠 수 있는 것처럼, 그 감정이 떠오르는 순간을 민감하게 캐치할 필요가 있다. 그렇기에 죄책감과 수치심을 조절하고 싶다면 그 감정에 더 민감해지는 것이 우선이다.

내면화된 죄책감과 수치심을 바로 알아차리는 것은 쉽지 않다. 우리가 평소 숨 쉴 때 공기를 의식하지 않는 것처럼, 마음에 배인 죄책감과 수치심도 우리에게 숨 쉬듯 익숙한 것이기 때문이다. 그러나 '후' 소리를 내며 숨을 내뱉을 때는 공기를 의식할 수 있는 것처럼, 마음에 배인 감정이 말로 표현되는 그 순간에는 그것을 좀 더 잘 알아차릴 수 있다. 마음에 배인 죄책감과 수치심이 말로 표현되는 대표적인 단어는 '죄송', '미안'이다. '죄송', '미안'이라는 단어를 사용하는 바로 그 순간이 내 마음속 죄책감과 수치심을 알아차릴 기회이다.

먼저, 잠자리에 들기 전에 잠시만 시간을 내어 오늘 하루를 돌아보자. 오늘 하루를 보내며 내가 '죄송합니다', '미안합니다', '죄송하지만', '미안하지만'이라는 말을 썼던 장면들을 회상해 보자. 최대한 많이 떠올릴수록 좋다. 오전, 오후, 저녁처럼 시간대를 나누거나 집, 직장, 연인, 친구 등과 같이 사람이나 장소로 나눠서 떠올려봐도 좋다.

다음은 일상생활 속에서 내가 '죄송', '미안'이라는 단어를 사용한 '직후'에 알아차려 보자. '어? 내가 또 이런 말을 했네?'라고 알아차리는 것이다. 이쯤 되면 '내가 죄송하다는 말을 이렇게 많이 하는구나'라는 생각이 들 수도 있다. 마지막으로는 내가 이러한 단어들을 쓰려고 하는 '직전'의 순간을 알아차려 보자. '내가 또 이 말을 하려고 하네?' 하고 알아차리는 것이다. 1단계를 충분히 연습해서 이런 말들을 사용하는 순간을 자주 알아차리게 되었다면 2단계로 넘어가자.

2단계: 멈추고 평가하기

1단계를 충분히 연습해도 여전히 자꾸만 '죄송하다'는 말을 할 것이다. 그러나 적어도 그 말을 숨 쉬듯이 자연스럽게 하지는 않을 수 있다. 죄책감과 수치심이라는 감정이 "죄송합니다"라는 말로 튀어나오는 그 찰나의 순간 가끔은 한번씩 '일시 정지'가 가능해진다. 이렇게 일시 정지를 하고 나서 제일 먼저 해야 할 것은 내가 지금 진짜 죄송할 만한 상황이 맞는지를 평가해 보는 것이다.

이 평가는 대단히 냉정하고 객관적이어야 한다. 마치 자동차 사고가 났을 때 보험회사에서 양측의 과실 정도를 평가하는 것처럼 말이다. 이 과정에서 지금 내가 느끼는 죄책감과 수치심

모두에게 잘 보일 필요는 없다

이 상황에 적합한지, 아니면 내 마음에 배인 괜한 감정인지 구분할 수 있을 것이다.

3단계: 상대방에게 할 말[" "]과
내 마음에게 할 말[' ']구분하기

2단계의 평가 과정을 거치면 크게 두 가지 결과가 도출될 수 있다.

1) 이건 정말 죄송할 만한 상황이 맞다.
2) 이건 죄송할 만한 상황이 아니다.

1)처럼 내가 정말 죄송할 만한 상황이 맞다면 우리가 해야 할 것들은 매우 간단하다. 먼저 상대방에게 진심으로 사과하는 것이다. "내가 ~을 잘못해서, 당신에게 이런 피해를 주었다. 그것에 대해 진심으로 죄송한 마음이다"라고 진심을 담아 사과하자. 그리고 내 마음에는 반성의 말과 격려의 말을 건넨다. '내가 이번엔 잘못했네. 이번에 잘못했던 이유는 ~인 것 같다. 다음에는 오늘 같은 잘못을 하지 않게 이렇게 해보자'라는 말을 자신에게 건네면 좋겠다.

2)처럼 죄송하다고 말하려다, 멈추고 생각해 보니 내가

죄송할 만한 상황이 아닐 때는 목 끝까지 차오른 "죄송합니다"와 "죄송하지만"이라는 말을 삼켜야 한다. 그리고 자신에게 '잘 참았어'라고 칭찬하고 격려해 줘야 한다.

그러나 때로는 죄송할 만한 상황이 아니어도 죄송하다고 말하는 것이 좋을 때도 있다. 그렇게 하는 것이 나를 지키기 위함일 때이다. 이럴 때는 상대방에게 하는 말과 나에게 하는 말을 달리해야 한다. 큰따옴표(" ")와 작은따옴표(' ')가 항상 일치할 필요는 없다. 유빈 씨의 경우가 그러하다. 차장이 나를 무례하게 비난했지만, 사실 그 상황에서 유빈 씨가 자신을 지킬 수 있는 가장 효과적인 방법은 "죄송합니다"라고 말하고 상황을 끝내버리는 것이다. 유빈 씨는 그렇게 자신을 지키기 위한 선택을 한 것이다. 그러나 아쉬운 점은 말만 그렇게 한 것이 아니라 마음으로도 진심으로 자신을 답답하고 못마땅하게 여긴 점이다.

우리가 사실은 미안하거나 죄송하다고 생각하지는 않지만, 그렇게 말해야만 할 때 큰따옴표에는 "죄송합니다"를 넣지만, 작은따옴표에는 이런 말들을 넣어야 한다.

'미안한데, 사실은 하나도 안 미안해.'
'죄송하다고 말했지만, 이건 날 지키기 위한 말이었을 뿐이야.'
'사실은 별로 안 죄송해. 그렇게까지 죄송할 만한 일은 아니야.'

모두에게 잘 보일 필요는 없다

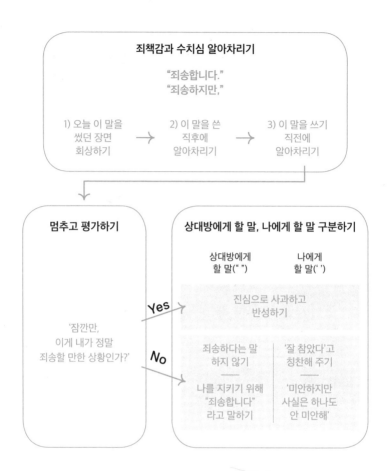

3

걱정과 불안의 악순환을
끊어내는 연습

내 삶의 불편한 친구
걱정과 함께하는 삶

민영 씨는 오늘도 걱정한다. 오늘 상담에서의 걱정 주제는
이직이었다.

민영   아 정말 아무리 생각해도 직장을 옮기는 게 맞는 거
       같은데….

나   망설이는 것 같네요.

민영   이직해서 잘할 수 있을지 모르겠어요.

나   잘 못할까 봐 걱정되나 봐요. 그렇게 생각하는 이유
       가 있을 것 같아요.

민영   헤드헌터한테 오퍼가 왔거든요. 알아보니까 제 친구

가 일하는 곳이라서 대충 상황도 알고, 직무도 지금
하는 거와 거의 비슷해서 그럭저럭 할 수 있을 거 같
기는 한데…,

나 꽤 잘할 수 있을 것 같다고 말하는 것 같네요.

민영 아 그렇긴 한데, 거기라고 해서 뭐 여기랑 크게 다를
게 있으려나 싶기도 하고요.

나 기껏 옮겼는데 그게 그거일까 봐 걱정되는군요.

민영 네. 뭐 그리고 막상 갔는데 거기 또 이상한 상사가 있
을 수도 있는 거고요.

나 그러게요. 민영 씨가 하는 말이 다 일리 있게 들리네
요. 하지만 막상 가보기 전에는 알 수 없는 것들이라
더 어렵겠어요.

민영 그러니까요. 저도 막상 해보기 전에는 알 수 없다는
걸 알거든요. 그런데 계속 이런 식으로 걱정만 하게
돼요. 어젯밤에도 이런 걱정만 하다가 잠도 못 자고,
아침에는 또 도살장 끌려가는 것처럼 출근하고… 악
순환인 것 같아요.

나도 걱정을 참 많이 하는 편이다. 지금 이 글을 쓰고 있는
순간에도 두 시간 뒤에 있을 A 씨와의 상담을 걱정하고 있다. '오
늘 상담을 말아먹으면 어떡하지?'라는 걱정에서 시작해 문득 오

늘 청바지를 입고 왔다는 것을 발견하고는 '오늘 입은 옷이 너무 성의 없어 보이지 않을까?'라는 걱정, '비싼 돈, 귀한 시간 내어 상담에 오시는데 적절한 도움을 드릴 수 없으면 어떡하지?'라는 걱정 등이 꼬리에 꼬리를 물고 이어진다. 정도만 다를 뿐 사실상 모든 상담의 시작 전에는 이런 걱정들이 앞선다.

걱정은 언제나 우리 삶에서 함께한다. 어렸을 때는 대학에 갈 수 있을지 걱정하고, 대학에서는 취업할 수 있을지 걱정한다. 직장인은 당장 내일 오전에 상사의 심기가 불편하지는 않을지 걱정한다. 누구나 걱정하고 살지만 민영 씨처럼 너무나도 자주, 깊게 걱정하며 힘들어하는 사람들을 상담실에서 어렵지 않게 만나볼 수 있다. 그 사람들도 자신의 걱정이 삶을 갉아먹고 있으며 그 때문에 얼마나 자신의 삶이 괴로워지는지, 즉 걱정이 얼마나 삶에 유해한지를 잘 알고 있다. '잘될 거야, 걱정하지 말자'라고 되뇌지만, 어느샌가 정신 차리고 보면 또 걱정하며 불안해하는 나를 발견하곤 한다. 특히, 죄책감과 수치심이 내면화된 사람들에게 걱정은 언제나 함께하는 불편한 친구이다.

걱정의 마법: 걱정을 했더니 걱정하는 일이 생기지 않는다

걱정, 불안에 대한 유명한 말이 하나 있다. "당신이 걱정하

모두에게 잘 보일 필요는 없다

는 일의 90퍼센트는 실제로 일어나지 않는다." 이 말은 당신이 걱정하는 일이 실제로 일어날 확률은 매우 희박하니 걱정할 필요가 없다는 매우 합리적인 메시지를 담고 있다. 그러나 안타깝게도 우리 마음은 그렇게 합리적으로 생각하지 않는다. 오히려 '내가 걱정을 했더니, 걱정했던 일이 일어나지 않았어!'라고 생각한다. 우리가 걱정하는 일들은 어떻게든 피하고 싶을 정도로 끔찍한 결과들인 경우가 많다. 그런데 단지 걱정만 했을 뿐인데 그런 끔찍한 결과가 실제로 거의 생기지 않더라는 것이다.

민영 씨가 걱정하는 끔찍한 결과들은 '새로운 직장에서 일을 잘 해내지 못하는 것', '새로운 직장에서 이상한 상사를 만나는 것'이다. 만약 정말로 이런 일이 생긴다면 굉장히 수치스럽고 좌절스럽고 절망스러울 것이다. 민영 씨는 이 끔찍한 결과가 실제로 일어날까 봐 계속 걱정하고 걱정한다. 하루 걱정하고, 이틀 걱정하고, 한 달을 걱정한다. 그러나 민영 씨가 걱정한 끔찍한 결과는 일어나지 않았다. 걱정만 하다가 이직 자체를 하지 않기 때문이다. 그러면 머리로는 '결국 걱정하다가 시도도 하지 못했다'고 자책하지만, 무의식적으로는 '걱정 덕분에 위험한 결과를 피할 수 있었어'라고 느끼게 된다. 실제로 끔찍하고 두려운 결과를 피한 것이 맞기 때문이다. 민영 씨 마음속 걱정이 결과를 통제한 것이다.

내가 걱정하는 것은 '두 시간 뒤에 있을 A 씨와의 상담을 말아먹는 것'이다. 그런 일이 일어나면 나는 너무나 좌절스럽고 창피할 것이다. 그러나 합리적으로 생각해 보면 그런 일이 일어날 확률은 아주 낮을 것이다. A 씨가 호소하는 어려움에 대해서 나는 적절한 도움을 줄 역량을 갖추었고, 이미 A 씨와 5개월가량 상담을 지속하고 있었다. 그 기간 동안 모든 상담이 그러하듯 당연히 우여곡절은 있었지만 상담을 말아먹은 적까지는 없었다. 그렇기에 오늘 상담은 적어도 말아먹지 않을 것이며, 내가 걱정하는 끔찍한 결과는 생기지 않을 것이다. 나는 많이 걱정했고, 끔찍한 결과는 생기지 않았다.

사실 많이 걱정했기 때문에 끔찍한 결과를 피할 수 있었던 것은 아니다. 마음속에서 일어나는 것들(생각, 걱정, 바람 등)과 현실의 결과 사이에는 인과관계가 없다. 그럼에도 이를 인과관계로 생각하는 마음의 현상을 마술적 사고magical thinking라고 한다. 굉장히 비합리적이고 비이성적인 현상이지만, 우리 마음은 본래 비합리적이고 비이성적이다. 사실 우리는 이미 굉장히 익숙하게 마술적 사고를 하고 있다.

많은 사람이 믿고 있는 말이 하나 있다. "간절히 바라면 이뤄진다." 엄밀히 말하면 틀린 말이다. 사실 마음속의 간절한 바람이 원하던 결과를 이뤄지게 해주는 것이 아니다. 간절히 바라면 현실에서 어떠한 노력을 하게 되고, 그 노력이 원하는 결과로 이어지는 것이다. 아무리 간절히 바라도 노력하지 않으면 결과는

모두에게 잘 보일 필요는 없다

장담할 수 없다. 즉, 원인은 마음속의 바람이 아니라 현실의 노력이라는 것이다. 그럼에도 우리는 마음속 바람을 자꾸 원인으로 생각한다. 여러 미신과 징크스도 이러한 마술적 사고의 한 형태로 볼 수 있겠다.

걱정을 손익 분석하라

만약 지금 당신이 어떤 걱정에 사로잡혀 있다면 그 걱정의 내용에 빠져들기보다는, 걱정 자체를 분석해 보는 것이 도움이 될 수 있다. 이렇게 분석적 태도가 유용한 이유는 비합리적이고 무의식적인 영역에서 깊어지는 마술적 사고를 합리적, 의식적 영역으로 끌어 올리는 것이기 때문이다.

먼저, 당신이 하는 걱정이 어떠한 이득을 주는지 생각해 보자. "걱정해 봤자 저한테 이득인 것은 하나도 없고, 오로지 해롭기만 할 뿐이라는 것을 이미 알고 있어요"라고 말할 수 있겠지만 그렇지 않다. 당신의 걱정은 분명히 이득이 있고, 이를 인정할 필요가 있다. 우리가 하는 모든 것은 그것이 비록 해로운 것이더라도 분명히 얻는 이득이 있기 때문에 하는 것이다. 가령 흡연이 몸에 해로운 것을 알지만 흡연을 하는 것도 흡연자가 경험하는 어떠한 '이득'이 있기 때문이다. 당신의 걱정도 해로움의 이면에 분명한 이득이 있다. 이득은 좋아하는 것을 얻거나, 싫어하는 것을 피하는 것이다. 그리고 보통 걱정의 이득은 후자인 경우가 많다. 민영 씨는 걱정을 통해 이직에 따르는 두려움을 회피하는 이득을 얻을 수 있었다. 당신은 걱정을 통해 어떤 이득을 얻고 있는가? 어쩌면 당신의 걱정은 걱정보다 더 괴로운 감정, 가령 수치심이나 죄책감, 불안, 분노 등을 피하게 해주고 있을지도 모른다.

이번에는 반대로 당신의 걱정이 당신에게 주는 손해를 생각해 보자. 손해는 좋아하는 것을 잃거나, 싫어하는 것을 얻는 것이다. 민영 씨가 걱정을 통해 겪은 손해는 치명적이다. 무엇보다 희망을 잃었기 때문이다. 산속에서 길을 잃고 쓰러졌을 때, 저기 먼 곳에서 보이는 정체를 알 수 없는 불빛 하나를 보며 다시 일어설 수 있는 것은 그 불빛의 불확실성에 담긴 희망 때문이다. 민영 씨는 걱정으로 그 불빛을 꺼뜨렸다. 그리고 괴로움을 얻었다. 현재 직장에서 경험해 온 익숙한 스트레스와 괴로움을 다시 경험하게 되었다. 익숙하다고 해서 아프지 않은 것은 아니다.

선택해야 오답 노트를 만든다

이렇게 손익 분석 후에는 선택이 반드시 필요하다. 선택하지 않는다면 앞선 분석 과정도 무의미해질 수 있다. 이 선택에는 분명히 용기가 필요하다. 어떤 선택도 분명히 뭔가를 포기해야 하기 때문이다. 민영 씨의 선택지는 이직하거나 현 직장에 남

모두에게 잘 보일 필요는 없다

거나로 두 가지였다. 그리고 각각의 선택에는 분명한 이득도 손해도 존재했다. 그렇기에 어떤 선택이 '정답'이라고 말할 수는 없다. 민영 씨는 이직을 하지 않았다. 그러나 이것은 '현 직장에 남는다'라고 선택한 것이 아니라, 아무런 선택도 하지 않은 것이었다. 내가 선택하지 않은 삶은 필연적으로 우울함과 무기력함이 함께하며 마음의 체력이 떨어지게 된다. 그렇게 마음의 체력이 약해지면 다음에 또 다른 걱정이 나를 찾아왔을 때 그 걱정과 싸우지 못하고 잡아먹힐 수 있다.

더 좋은 선택을 하는 것도 중요하지만 그보다도 무엇이든 '선택하는 것'이 더 중요하다. 시험에서 아무리 봐도 모르는 문제가 나왔다면 1~5번 중에 뭐라도 찍는 것이, 아무것도 찍지 않는 것보다 훨씬 유익하다. 운 좋게 맞을 확률이 20퍼센트라도 생기는 것이고, 설사 틀리더라도 적어도 오답 노트는 만들 수 있으니까.

4

해봤자 안 될 거라는
체념은 이제 그만

이래도 되나 싶을 정도의
작은 행동이 희망을 만든다

뭔가에 대해 '해봤자 안 돼'라는 생각을 가져본 적이 있을 것이다. 나에게는 그중 하나가 다이어트이다. 나의 체중은 항상 잘 나갔지만, 특히 고등학생 때가 가장 최고였다. 그 당시 내 체중은 정확히 114킬로그램이었다. 생각해 보면 태어나면서부터 나는 과체중이었다. 4.4킬로그램. 내가 태어났던 시절을 생각해 보면 엄청난 우량아였다. 남달랐던 떡잎에 걸맞게 나는 항상 뚱뚱했고 어릴 때부터 다이어트는 늘 삶의 과제였다. 음식도 적게 먹어보고, 운동도 해보고, 한의원에 가서 귀에 침을 맞아본 적도 있다. 그러나 늘 효과는 잠시뿐, 금세 하던 대로 많이 먹고 관성처럼 과체중을 유지했다. 이런 경험이 반복되다 보니 고등학교 때는

모두에게 잘 보일 필요는 없다

다이어트 자체에 지쳐버렸다. 다이어트를 해봤자 원래 모습으로 회귀할 것이 뻔하니까 노력하고 싶지 않았다. 어쩌면 노력이라도 아끼고 싶었던 것일지도 모르겠다. 처음에는 폭식하고, 운동도 하지 않는 내 태도에 죄책감이 느껴졌다. 샤워할 때마다 한숨이 나왔다. 그러나 어느 순간부터는 한숨도 안 나오고, 죄책감도 크게 느껴지지 않았다. 그냥 내가 한없이 창피했고 수치스러웠다. 조금이라도 작게 보이려고 온몸을 움츠리고 다녔다. 그렇지만 다이어트에 대한 의욕은 생기지 않았다. '해봤자 안 될 거 뭐하러 해'라는 생각이 머릿속을 지배하며 무기력해졌다. 가끔은 이 모습으로 사는 게 내 팔자인가라는 생각까지 들었다. 결국 아이들에게 114 콜센터 직원이라고 놀림받으며 내 비만 역사의 정점을 찍게 된다.

계속 시도해도 실패가 반복되고 좌절될 때 우리는 '해봤자 안 돼'라고 생각한다. 그리고 더 이상 시도하지 않는다. 현재 모습이 괴롭고 고통스럽지만 뭘 해도 소용없다고 생각한다. 그래서 그 괴롭고 고통스러운 현재 상태에 그대로 머물며 무기력함을 느낀다. 이러한 현상을 심리학에서는 '학습된 무기력'이라고 한다. 위에서 소개한 고등학생 시절의 내 사연은 어떻게 인간이 무기력을 학습하고, 그 과정에서 죄책감과 수치심을 적립하는지를 전형적으로 보여준다.

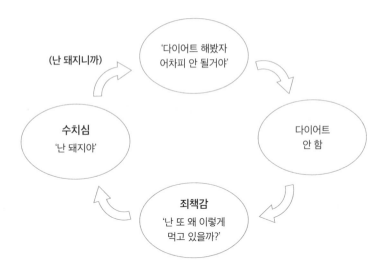

'다이어트 해봤자
어차피 안 될거야'

(난 돼지니까)

수치심
'난 돼지야'

다이어트
안 함

죄책감
'난 또 왜 이렇게
먹고 있을까?'

학습된 무기력:
전기 충격을 줘도 도망가지 않는 강아지

학습된 무기력이라는 개념은 심리학자이자 미국심리학회APA
의 회장까지 지냈던 마틴 셀리그만Martin Seligman에 의해 소개되
었다. 마틴 셀리그만은 1967년 강아지를 대상으로 끔찍한 실험
을 진행한다. 강아지들에게 전기 충격을 주는 실험이다(지금이라
면 절대 허가되지 않는 실험이다).

그는 24마리의 강아지를 8마리씩 총 세 개의 그룹으로 나누
었다. 그리고 그 강아지들을 그룹에 따라 다른 조건으로 세팅된
A, B, C 상자에 넣었다. A 상자에 들어간 강아지들에게는 아무
런 충격을 가하지 않았다. B 상자에 들어간 강아지들에게는 반복

모두에게 잘 보일 필요는 없다

적으로 전기 충격을 가했다. 다행스럽게도 강아지들이 B 상자 안에 놓인 레버를 건드리면 전기 충격이 중단되었다. 마지막 C 상자의 강아지들에게도 반복적으로 전기 충격을 가했다. 그러나 불행하게도 C 상자 속 강아지들은 레버를 건드려도 전기 충격이 멈추지 않았다. 강아지가 어떤 행동을 해도 전기 충격은 계속되었다.

수차례의 전기 충격이 끝난 후, 24마리의 강아지들은 새로운 상자로 옮겨진다. 이 상자도 전기 충격이 가해지지만 상자 안의 아주 낮고 작은 장애물만 넘어가면 전기 충격을 피할 수 있었다. 전기 충격이 가해지자 A 상자와 B 상자에 있던 강아지들은 처음에는 조금 당황하는 듯했으나 금세 장애물을 넘어 전기 충격에서 벗어났다. 그러나 문제는 C 상자에 있던 강아지들이었다. 이 강아지들은 반복적으로 전기 충격이 가해짐에도 불구하고 어떠한 행동도 하지 않았다. 그저 가만히 서서 온몸으로 고통스럽게 전기 충격을 견디고만 있었다. 발을 내밀어 작은 장애물 하나만 넘어가면 되는 문제였다. 그렇지만 C 상자의 강아지들은 그렇게 하지 않고 계속되는 고통 속에 머물렀다.

왜 그랬을까? C 상자에서 강아지들은 어떤 행동을 하더라도 전기 충격이 멈추지 않는 경험을 반복했기 때문이다. 실패의 경험을 반복한 강아지들은 '해봤자 안 돼'라는 생각을 갖게 된 것이다. 그래서 결국에는 어떤 행동도 하지 않게 된다. 바로 이러한 상태를 학습된 무기력이라고 한다.

학습된 무기력 상태는 우리 주변에서 너무나도 쉽게 찾아볼 수 있다. "이놈이고 저놈이고 뽑아줘 봤자 세상은 여전히 먹고살기 힘들다"라고 말하며 대통령 투표를 하지 않았던 옆집 할아버지, 다른 사람 만나봤자 똑같을 것 같아서 괴로운 연애를 지속하는 미현 씨, "이번 생은 글렀다"라고 말하며 히키코모리의 삶을 선택한 명수 씨. 어쩌면 이들 모두 과거의 반복된 실패 경험 속에서 학습된 무기력 상태가 되어버린 것일지도 모른다.

학습된 무기력 상태가 지속되면 삶의 전반에서 회의적이고 비관적인 태도가 나타나며, 이는 심각한 우울감으로 이어질 수 있다. '해봤자 안 돼'가 '살아봤자 뭐 해'가 될 수도 있다는 것이다.

학습된 무기력에서 벗어나려면

학습된 무기력 상태에서 빠져나오기 위해서 우리는 어떤 노력을 해볼 수 있을까? 학습된 무기력의 핵심은 두 가지이다. 첫째는 '해 봤자 안 된다'라는 생각의 영역이고, 둘째는 '그래서 안 한다'라는 행동의 영역이다. '해봤자 안 될 것 같아서 안 한다.' 생각에서 행동까지의 흐름이 너무나 자연스러운 문장 아닌가? 우리가 해야 하는 것은 어쩌면 이 자연스러움을 부자연스러움으로 바꾸는 노력일 수 있다. 그만큼 쉽지 않다는 것이다.

모두에게 잘 보일 필요는 없다

그런데 다행스럽게도 예외가 있다. 해봤자 안 될 것 같은데, 할 때도 있다는 것이다. 대표적으로는 복권이다. 대표적인 복권 로또의 경우 당첨 확률이 약 800만분의 1 정도라고 한다. 길 가다 벼락 맞아 죽을 확률보다 낮다는 것이다. 어찌 보면 해봤자 안 될 가능성이 가장 높은 것은 복권 아닐까? 그럼에도 불구하고 우리 동네 복권방 앞은 토요일 밤마다 통행이 방해될 정도로 긴 줄이 생긴다. 실제로 기획재정부 자료에 따르면 지난 몇 년간 복권 판매액은 최고치를 갱신하고 있다. 2021년 복권 판매액은 5조 9천 755억 원으로 전년 대비 10.3퍼센트가 증가한 수치라고 한다. 지금까지 해봤지만 안 되었고, 앞으로도 해봤자 안 될 것이 거의 확실하지만 사람들은 계속 복권을 산다. 여기서 우리는 학습된 무기력에서 벗어날 힌트를 찾아볼 수 있지 않을까?

사람들이 당첨이 안 될 거라는 사실을 알면서도 복권을 사는 이유는 두 가지이다. 첫째, 비용이 적다. 투자가 적으니 보상 심리도 작아지기 때문이다. 만약 복권이 1천 원이 아니라 10만 원이었다면 사람들은 지금처럼 쉽게 복권을 사지 못할 것이다. 둘째, '그래도 혹시나' 하는 마음이 있어서이다. 이성적으로는 확률이 낮다는 것을 알지만, 그럼에도 혹시나 하는 기대를 접지 않는 것이다. 물론 이 마음이 지나쳐서 과도하게 복권을 사버리면 문제가 되겠지만, 분명한 것은 사람들은 희망을 놓지 않았다는 점이다.

학습된 무기력에서 벗어나기 위한 노력도 이와 같다. 첫째, 복권의 가격이 싼 것처럼 쉽고 간단한 행동부터 시작해야 한다. 내가 작은 에너지만 써도 할 수 있을 정도로 난이도가 낮은 행동부터 해야 한다는 것이다. '매일매일 헬스장에 가겠다', '체중을 20킬로그램 빼겠다'라는 목표는 너무 어렵다. 10만 원짜리 복권인 셈이다. '자기 전에 침대에서 5분만 스트레칭을 하겠다' 정도의 행동은 1천 원짜리 복권을 사는 마음으로 할 수 있다.

둘째가 더 중요하다. 해봤는데 안 되더라도, 그럼에도 혹시나 하는 마음을 놓치면 안 된다. 즉, 희망을 포기하면 안 된다는 것이다. 혹시나 하는 희망은 삶의 원동력이 된다. 열 번 찍어 안 넘어가는 나무가 없다는 희망을 가졌다면, 두꺼운 나무가 눈앞에 있어도 최소 열 번은 도끼질을 해보게 된다. 언젠가는 합격할 것이라는 희망은 그 힘든 수험 생활을 재수, 삼수까지 계속하게 하고, 나는 언젠가 부자가 되겠다는 희망은 퇴사하지 않고 계속 일을 하게 만드는 동력이 된다. 삶이 힘들고 팍팍해도 손에 쥔 로또가 혹시나 당첨될지도 모른다는 희망으로 일주일을 버틸 힘을 얻는다.

전기 충격에서 탈출한 3마리의 강아지

앞서 소개했던 심리학자 마틴 셀리그만에 대한 흥미로운 사실이 하나 있다. 학습된 무기력이라는 매우 우울한 개념과 끔찍

모두에게 잘 보일 필요는 없다

한 강아지 실험을 했던 마틴 셀리그만은 아이러니하게도 '긍정 심리학'의 창시자이다. 그는 전기 충격 실험에서 C 상자에 있던 강아지 3마리에 주목했다. 이 3마리의 강아지는 C 상자에서 끔찍하고 절망적인 경험을 반복했음에도, 새로운 상자로 옮겨가자 조금씩 몸을 움직이더니 결국에는 상자에서 탈출했다.

이 3마리의 강아지가 다른 강아지와 달랐던 점은 절망적인 상황에서도 학습된 무기력에 빠지지 않고, 혹시나 하는 희망을 놓지 않았다는 점이다. 그 희망을 동력으로 새로운 상자에서도 발을 내미는 작은 행동을 한 것이다. 결국 이 강아지들은 절망적인 상황에서도 생존할 수 있었다.

마틴 셀리그만이 학습된 무기력 실험을 통해, 그리고 긍정 심리학을 통해 우리에게 말하고자 했던 메시지는 '희망을 포기하지 않고, 할 수 있는 작은 행동을 하는 것의 중요성'이 아니었을까?

5

싫은 소리 못 하는 사람의
4가지 유형

내 마음의 목소리를
삼키지 않고 사는 법

대학교 3학년인 유라 씨는 학업 능력이 뛰어나다. 그래서 입학 후 지금까지 성적 장학금을 놓친 적이 없다. 그런 유라 씨에게 고민이 하나 있다. 과대표인 연지에 대한 고민이다. 연지는 흔히 말하는 '인싸'이다. 입학 전부터 사람들과 쉽게 친해졌고 술자리에서는 늘 분위기를 주도했다. 그러다 보니 자연스럽게 과대표가 되었다. 그러나 공부와는 거리가 멀었다. 늘 "학사 경고만 피하면 되지"라는 말을 입에 달고 살았다. 연지와는 친하지는 않지만 오가면서 인사 정도는 하는 사이였다. 1학년 2학기 기말고사를 앞둔 어느 날 연지가 유라 씨에게 다가와서 아메리카노를 건네며 말했다.

"유라야, 전공과목 필기한 것 좀 보여줄 수 있을까? 내가 수업 시간에 자꾸 놓쳐서…."

유라 씨는 쭈뼛거리는 연지의 모습에 기꺼이 필기 노트를 건네주었다. 연지는 유라 씨의 필기 노트 때문이었는지 그 과목에서 이례적으로 좋은 성적을 받았다. 유라 씨에게 너무 고맙다며 하트를 열 개씩 넣어가며 카톡도 보냈다.

그런데 문제는 여기서부터였다. 그때 이후로 매번 시험을 볼 때마다 연지는 유라 씨에게 같은 방식으로 필기 노트를 보여줄 것을 부탁했다. 여름에는 아이스아메리카노, 겨울에는 따뜻한 아메리카노와 함께 말이다. 유라 씨는 한 번이야 괜찮았지만, 매번 이러니까 보여주고 싶지 않았다. 수업도 잘 안 나오고, 와도 구석에 앉아서 딴짓만 하는 연지가 성적을 날로 먹으려는 것 같아서 빈정이 상했다. 그렇지만 유라 씨는 연지에게 아무 말도 하지 못했다. 괜히 싫은 소리 했다가 불편해질 것 같아서였다.

급기야 이번 기말고사에는 일이 터졌다. 유라 씨는 시험 날 강의실에 조금 일찍 도착해 공부하고 있었다. 그러다 문득 앞자리에 앉은 동기들 손에 들린 종이가 눈에 들어왔다. 유라 씨가 연지에게 보여준 필기 자료였다. 펜과 색연필로 밑줄 그어놓은 것까지 그대로 복사한 자료가 다른 사람들의 손에 들려 있었다. 앞자리에 앉아 있는 동기들에게 그 자료를 어디서 구했는지 물어보니, 학생회 단톡방에서 연지가 '요점 정리 자료'라며 파일로 올렸다는 것이다. 유라 씨는 너무 화가 났다. 매번 내 자료로 시험을 날로 먹는 것만 해도 탐탁지 않았는데, 허락도 없이 자료를 이렇게 무단으로 배포하다니 당장이라도 연지에게 달려가서 따지고 싶었다. 그러나 유라 씨는 그렇게 하지 못했다.

'연지와 관계가 틀어지면 과 생활도 힘들어지는 건 아닐까?'
'연지가 적반하장으로 나오고 나만 의리 없는 애로 취급당하면 어떡하지?'
'과에서 매장당하면 어떡해?'

이런 두려움이 유라 씨의 발목을 잡았다. 결국 아무 말도 하지 못하고 끙끙 앓기만 하다가 상담실을 찾았다.

삶에서 갈등은 피할 수가 없다. 머리 깎고 산에 들어가서 혼자 살지 않는 한 우리 삶에는 언제나 타인이 존재한다. 그리고 타인이 존재하는 한 갈등은 필연적이다. 이런 갈등의 순간에는 서로가 자신의 생각과 감정을 적절하게 표현하고 조율하는 과정이 필요하다. 그 과정에서 당연히 '싫은 소리'를 해야 할 때도 분명히 있다.

그러나 죄책감과 수치심이 내면화된 사람들은 대체로 싫은 소리를 하지 못한다. 화가 나고 짜증이 나도 "괜찮아", "그럴 수 있지"라는 말이 입버릇처럼 튀어나온다. 상담실에도 '어떻게 하

모두에게 잘 보일 필요는 없다

면 할 말을 잘하고 살 수 있을까요?'라며 싫은 소리 한마디 못 하는 자신의 모습을 개선하고 싶다고 찾아오는 사람이 많다.

　죄책감과 수치심으로부터 벗어나기 위한 노력들 중 하나는 '내 목소리를 신뢰하고 당당하게 꺼내놓는 것'이다. 심리상담에서는 자기 목소리를 내지 못하는 사람을 위해 '자기주장 훈련'이라는 것을 하기도 한다. 이 과정에서 나는 싫은 소리를 잘 못하는 사람들에게 대체적으로 몇 가지 유형이 있다는 것을 발견할 수 있었다.

싫은 소리는 타인을 공격하는 것이 아니다

　첫 번째 유형은 '벌꿀오소리형'이다. 정확히는 '벌꿀오소리라고 착각하는 유형'이라고 보는 것이 더 정확하겠다. 벌꿀오소리를 아는가? 벌꿀오소리는 족제빗과의 동물로 정식 명칭은 '라텔'이다. 벌꿀오소리의 특징은 엄청난 공격성이다. 무엇이든 닥치는 대로 공격하고 먹어치운다.

　어떤 사람들은 싫은 소리를 하는 자신의 모습을 벌꿀오소리라고 착각한다. 즉, 내가 싫은 소리를 하는 게 타인을 공격하는 것이라고 생각한다. 이들은 싫은 소리를 하는 것에 대해 이런 말을 많이 한다.

　"어떻게 그런 말을 해요?"

"그런 말 하면 정말 싸우자는 거죠."

근본적으로 공격이라는 것은 타인을 상처 입히고 해할 목적으로 하는 행동을 의미한다. 벌꿀오소리처럼 말이다. 그러나 싫은 소리는 공격이 아니라 어디까지나 자기주장이다. 다른 사람을 깎아내리거나 비난하려는 목적이 아니다. 이러한 자기주장은 생존을 위해 반드시 필요한 요소이다. 누군가 내 식량을 뺏어갈 때 "멈춰!"라고 말하는 것처럼 당연한 행동이라는 것이다. 그렇기에 자기주장은 공격이라기보다는 최소한의 방어인 것이다.

싫은 소리를 하는 것이 타인을 향한 공격이라고 생각하는 사람들이 있다면 꼭 명심하길 바란다. 자기주장은 타인을 향한 공격이 아니라, 나를 지키기 위한 방어이다. 맹수에게 위협당할 때 가시를 세우는 고슴도치처럼 자신을 지키기 위한 행동이라는 것이다. 나조차 나를 지켜주지 않으면 자신에게 너무 미안하지 않을까?

당신의 싫음에 정당성은 필요치 않다

두 번째 유형은 '자기불신형'이다. 나의 생각과 감정을 스스로 믿어주지 못하는 경우이다. 싫은 소리를 해보려고 해도, 이런 생각들이 떠올라 용기 내지 못하게 입을 막는다.

모두에게 잘 보일 필요는 없다

'나만 이상하게 생각하는 거 아닐까?'

'내가 예민한 거 아닐까?'

'이게 나만 기분 나쁜 건가?'

'내가 꼰대인 건가?'

물론 적당히 나의 생각과 감정을 들여다보고 점검하는 태도는 좋다. 그러나 이들은 '내가 틀리지 않았다'라는 확신이 들기 전까지는 아무 말도 하지 못한다. 가끔은 내 생각이 맞는지 확인하기 위해 주변에 물어보고 다니기도 한다.

"이거 내가 이상한 거야?"

그러나 주변에서 아무리 내 생각이 맞다고 지지해 줘도, 왠지 마음 한편에서 내가 틀렸을 수도 있다는 걱정을 떨치지를 못한다. 이들에게는 이런 말을 해주고 싶다. 아무리 많이 따져보고, 주변의 말을 참고해도 당신의 '싫은 소리'에 100퍼센트의 확신이 생기는 것은 불가능하다. 별 다섯 개짜리 리뷰가 100개 달린 물건도 내 마음에는 안 들 수 있는 것처럼 말이다. 그리고 무엇보다 당신의 싫은 소리는 타인에 의해 정당화될 필요가 없다. 내가 싫으면 싫은 것이다. 내 마음에 정당하면 정당한 것이다. 다시 한번 말하지만 당신의 감정은 틀리지 않았다.

세 번째 유형은 '타인 불신형'이다. 이 유형은 자기 불신형과 반대로 타인을 믿지 못하는 경우이다.

"싫은 소리 하면 상대방이 날 비난할 거 같아요."
"안 좋은 소리 하면 그 사람과의 관계가 깨질 거 같아요."

싫은 소리를 하면 갈등이 생길 가능성은 분명히 커진다. 갈등을 잘 해결하지 못하면 실제로 관계가 끊어질 수도 있기에, 어느 정도 이런 두려움을 갖는 것은 자연스럽다. 그러나 때로는 이런 두렵고 불안한 감정이 눈덩이처럼 불어나서, 결과를 파국적으로 해석할 수도 있다. 사연 속 유라 씨가 '싫은 소리를 하면 이 학과에서 매장당할 거야'라고 생각한 것처럼 말이다.

사람은 기본적으로 타인과 좋은 관계를 맺고 싶고, 연결되어 있다는 느낌을 받고 싶어 한다. 그런데 이들은 타인을 신뢰하지 못하기에 관계를 불안하게 느낀다. 그렇기에 내가 조금만 잘못해도 이 연결이 끊어진다고 생각하는 것이다. 이럴 때는 역지사지를 해보면 좋겠다. 내가 상대방에게 하고자 하는 싫은 소리가 있을 것이다. 그 말을 반대로 상대방이 나에게 한다면 '과연 나는 관계를 끊을 것인가?'라고 생각해 보는 게 도움이 된다. 대부분의 경우 '기분은 나쁠 수 있으나 관계를 끊을 것 같지는 않다'는 생각으로 이어진다. 앞서 말한 타인과 좋은 관계를 맺고 유지하고 싶은 것은 나만의 욕구가 아니다. 상대방도 사람이라면 분명히 그런 욕구를 지니고 있다.

역지사지하느라 나를 소외시키지 말 것

마지막 네 번째 유형은 '과도한 역지사지형'이다. 때로는 상대방의 입장에서 생각하느라 싫은 소리를 하지 못한다.

"이렇게 말하면 저 사람이 기분 나쁠 게 뻔하니까."
"그런 소리 들으면 어떤 기분일지 잘 아니까."

역지사지는 좋은 것이다. 공감하는 태도는 일반적으로 '이타적'이라고 평가되는 아주 바람직한 모습이다. 함께 어울려 살기 위한 필수적인 덕목이다. 그러나 무엇이든 적당히가 중요하다. 과도한 역지사지는 타인을 챙기지만, 스스로를 소외시키는 꼴이다. 이런 사람들에게 내가 상담에서 자주 하는 말이 있다.

"남 챙기는 것의 절반만 나를 챙겨준다고 생각해 보세요."

다시 한번 말하지만, 타인을 배려하고 공감하려는 마음은 너무나도 좋다. 그러나 공감은 기부와 다르다. 기부는 사실 여유가 없어도 조금이라도 할 수 있다. 그러나 공감은 내 마음의 여유가 없으면 조금도 할 수 없다. 공감하는 척할 수는 있지만, 사실은 '소울리스'일 것이다. 그러니까 타인을 잘 공감해 주고 싶으면 자신부터 공감해 주길 바란다. 싫은 소리를 하는 것은 내 마음에 공감해 주는 가장 작은 실천이다.

6

습관적 꾸물거림의
늪에서 탈출하기

죄책감과 수치심은
우리를 자꾸만 미루게 한다

대학 시절 한 유명 교수님의 특강을 듣고 마지막 질문 시간
에 손을 들었다. "교수님, 자존감을 높이려면 무엇이 가장 필요할
까요?" 교수님은 망설임 없이 답했다.

"뭔가를 성취해 보는 경험이 중요합니다. 뭔가를 성취해 봄
으로써 나도 할 수 있는 사람이라는 믿음이 생기는 것이 필요합
니다."

나와 주변 학생들 모두 고개를 끄덕거렸다. 자존감을 높이
기 위해서는 '성취 경험'이 중요하다는 말을 한번쯤은 들어보았

을 것이다. 자존감이라는 개념이 대중에게 많이 알려지면서, 많은 책과 강의에서 자존감과 관련된 주제가 쏟아져 나왔다. 그리고 대부분의 책과 강의에서 자존감을 높이기 위해 가장 중요한 것은 바로 성취 경험이라고 말한다. 나도 이 말에 동의한다. 뭔가를 도전하고 성공해서 성취감이 생기면 자신감, 정확히는 자기효능감self-efficacy이 생긴다. 그리고 이 자기효능감을 통해 스스로의 존재를 보다 가치 있게 평가할 수 있기 때문에 결과적으로 자존감이 높아진다.

그러나 여기에 큰 걸림돌이 있다. 그것은 바로 '꾸물거림'이다. 성취를 하면 좋은 것은 알겠으나 자꾸만 시작하지 않고 꾸물거리기만 한다. 매번 오늘 할 일을 내일로 미룬다. 작심삼일은 양반이고 매번 작심만 하고 끝나기 일쑤다. 뭔가를 성취하려면 부지런한 태도가 필요한데, 자꾸만 꾸물거리다 보니 성취할 수가 없다. 즉, 꾸물거림의 늪에 빠진 사람에게 성취를 통해 자존감을 높인다는 것은 너무나 어려운 일이다. 마치 빵이 없으면 케이크를 먹으라는 말과 같다. 따라서 성취 이전에 꾸물거림을 극복하기 위한 노력이 우선되어야 한다.

꾸물거림은 다른 말로는 미루기 습관이라고 하며, 연구에서는 '지연 행동'이라는 개념으로 쓰인다. 그리고 죄책감과 수치심이 내면화된 사람들은 이런 지연 행동에 더 취약한 모습을 보인다. 꾸물거림, 지연 행동의 원인은 무엇일까? 그리고 죄책감과

모두에게 잘 보일 필요는 없다

수치심은 왜 우리를 더 꾸물거림의 늪에 빠지게 하는 것일까?

'난 하면 제대로 해'의 함정: 완벽주의

무기력했던 수민 씨가 지난주에 집 대청소를 했다며, 이번 주 상담에서 의기양양하게 말했다. "제가 뭔가를 하면 제대로 하거든요. 어설프게 하느니 안 해요." 그러고는 잠시 생각에 잠기더니, 피식 웃으면서 말했다.

"그래서 잘 안 하죠."

여러 연구에서 지연 행동과 가장 관련 깊은 심리 요인으로 꼽는 것이 완벽주의이다. 사람은 누구나 완벽해지려는 욕구가 있다. 그러나 죄책감과 수치심은 우리를 완벽주의적 욕구에 과도하게 집착하도록 한다. 사실 죄책감과 수치심을 피하고 성취감과 자부심을 느끼게 하는 가장 좋은 방법은 뭔가를 완벽하게 해내는 것이다. 그렇기에 죄책감과 수치심이 내면화된 사람들은 완벽에 집착한다.

그러나 눈앞에 닥친 일을 완벽하게 해내야 한다는 생각을 하다 보면 우리의 마음은 '변화에 대한 강한 저항감'을 갖게 된다. 마음속에는 늘 '안 하고 싶은 마음, 가만히 있고 싶은 마음'이 있기 때문이다. 그리고 이 저항감은 우리의 몸에 명령을 내린다.

"아무것도 하지 마라. 이미 아무것도 안 하고 있지만, 더욱 격렬하게 아무것도 하지 마라."

걱정을 가불하는 태도: 예기 불안

"했는데 실패하면 어떡해요?"

"해봤자 결과가 달라질 거 같지 않은데."

아직 벌어지지 않은 미래의 일이나 상황을 미리 걱정하며 불안해하는 것을 예기 불안anticipatory anxiety이라고 한다. 이러한 예기 불안은 결과에 대한 부정적인 예측에서 비롯된다. 마음속에서 '만약 ~하면 어떡하지'라는 문장을 계속 만들어낸다.

사실 누구나 예기 불안을 경험한다. 시험을 보기 전에 '떨어지면 어떡하지?'라고 생각하는 것은 누구에게나 자연스러운 일처럼 말이다. 그리고 때로 적정 수준의 예기 불안은 미래에 대한 적절한 준비 행동으로 이어져 도움이 되기도 한다. 가령 '떨어지면 어떡하지?'라는 생각이 '한 글자라도 더 보자'라는 행동으로 이어진다는 것이다.

그러나 죄책감과 수치심을 내면화한 사람들은 많은 경우 예기 불안이 준비 행동으로 이어지지 않는다. 삶의 전반에서 자신을 부적절하고 부족한 사람으로 여기기 때문에 해봤자 안 될 것 같다는 생각이 자꾸만 들기 때문이다. 그렇게 꼬리에 꼬리를 무

모두에게 잘 보일 필요는 없다

는 걱정과 불안에 사로잡혀 모든 에너지를 써버린다. 걱정하느라 하루를 다 써버리는 것이다. 시간이 지날수록 미래는 가까워지고, 불안은 점점 커진다. 결국 불안에 잡아먹혀 행동을 미루게 된다.

리뷰에 집착할 때

내 친구 중에는 '공략집'이라는 별명을 가진 친구가 있다. 이 친구는 새로운 것을 시작할 때면 항상 이와 관련된 모든 정보를 찾아보고 숙지하고 나서야 발을 뗀다. 게임하기 전에도 며칠씩 공략법을 공부한 후에야 게임을 시작한다. 고등학교 시절 공부할 때도 '서울대 합격생의 공부 비법'과 같은 글과 영상을 몇 개씩이나 정독했다.

어느 날 이 친구와 여행을 갔다. 그 당시 나는 운전면허가 없었고, 그 친구만 있었기에 그 친구가 운전대를 잡았다. 그때부터 고통은 시작되었다. 이 친구는 장소를 이동할 때마다 최적의 경로와 인근 맛집, 카페, 볼거리 등 모든 정보와 경우의 수를 확인하고 나서야 시동을 걸었다. "아 그냥 가면서 느낌 오는 대로 가자"라고 말해도 "야, 어렵게 왔는데 뽕을 뽑아야지. 시간 아깝잖아"라며 핸드폰을 손에서 놓지 않았다.

만약 당신이 요리를 못하는데, 집들이 음식을 해야 한다면 어떻게 할 것인가? 아마 인터넷으로 다른 사람의 레시피를 찾아볼 것이다. 이처럼 내가 부족하다고 느낄 때, 가장 안전하게 결과를 보장받을 방법은 타인을 모방하는 것이다.

앞서 말한 것처럼 죄책감과 수치심을 내면화한 사람들은 자신을 부족한 사람으로 여긴다. 이들이 비관적인 결과를 피할 가장 좋은 방법은 이미 타인이 걸어본 안전한 길을 따라가는 것이다. 이를 위해 수많은 리뷰, 후기, 매뉴얼, 팁 같은 정보들을 찾아본다. 정답을 알고 시작하고 싶기 때문이다. 그러나 안타깝게도 삶의 과제들은 요리 레시피처럼 간단하지도 않고, 게임 공략집처럼 정답이 있지도 않다. 삶의 과제들은 변수 투성이고 실패와 경험을 통해 배워야 하는 것이 더 많다. 그렇기에 시작하기 전에 아무리 정보들을 찾아봐도 확신을 갖기가 어렵다. 즉 정답을 알고 시작하고 싶지만, 정답을 찾을 수 없기에 시작하지 못하고 행동이 지연되는 것이다.

못 하는 게 아니라 안 하는 거예요

4학년 대학생 혜민 씨는 마지막 학기인데도 취업 준비를 안 하는 자신에게 화가 난다며 상담실을 찾았다. 혜민 씨는 5회차 상담에서 갑자기 대학원에 진학하겠다고 선언했다. 느닷없는 선언에 어떻게 그런 결심을 하게 되었는지 물었다.

"공부도 좀 더 하고, 더 높은 학력으로 좋은 직장에 취업하려고요."

나는 이 말이 혜민 씨의 진짜 마음으로 느껴지지 않았다. 혜민 씨는 공부를 너무나도 싫어해서 4년 내내 학교를 다니는 것만으로도 스트레스를 받았고, 어떤 분야로 나아갈지조차 생각해 본 적이 없기 때문이다. 그런 혜민 씨가 공부를 더 하겠다는 것도, 막연하게 좋은 직장에 취업하겠다고 하는 것도 어색하게 느껴졌다. 진짜 마음을 듣기 위해 이런저런 이야기를 이어갔다. 대학원 진학을 결심한 진짜 이유는 '두려움'이었다. 정확히는 취업에 실패했을 때, 무능한 자신의 모습이 증명되는 것 같아 두렵다고 했다. 즉, 수치심에 대한 두려움이었다. 취업 준비를 지연하기 위해 대학원 진학까지 결심한 것이다. 일종의 도피성 진학인 셈이다.

아무것도 하지 않으면, 아무것도 하지 않았기 때문에 아직은 무한한 가능성을 가지고 있다. 이 무한의 가능성을 놓치고 싶지 않을 때 행동을 미룬다. 어릴 때 '천재', '영재'로 주목받던 아이들이 성장하면서 우울해지고 불행한 삶을 산다는 소식을 심심치 않게 접할 수 있다. 이 아이들이 가장 흔하게 겪는 어려움은 바로 지연 행동이다. 진학과 취업 같은 삶의 중요한 과업을 자꾸만 미룬다. 이 아이들의 부모를 만나보면 이런 말을 자주 듣는다.

"애 머리가 좋아서 하면 잘할 게 분명한데 안 해요."

누구나 도전의 순간은 떨리지만, 이 아이들에게는 그 순간이 너무 많이 두렵다. 뭔가를 시도했다가 실패하는 순간 천재나 영재라는 타이틀이 사라지기 때문이다. 또한 사실은 별 볼 일 없는 내 모습, 남들과 다를 바 없는 내 모습이 드러나 버린다. 이러한 수치심을 경험하지 않기 위해 행동하지 않고 그냥 '안 하는 상태'로 머물며 불행한 삶을 사는 것이다. 죄책감과 수치심이 내면화된 사람도 마찬가지이다. 지연 행동은 부적절한 나를 보호해 주는 방어막의 역할을 한다. 어쩌면 '무능력한 사람'이 되는 위험을 감수하는 것보다 차라리 '게으른 사람'으로 머무는 것을 선택하는 것일지도 모른다.

그렇다면 꾸물거리고 미루는 습관에서 벗어나려면 어떠한 노력들이 필요할까?

꾸물거림 탈출하기 1: 매우 작은 목표 세우기

내가 상담에서 참 자주 하는 말이 있다.

"꿈은 크게! 목표는 작게!"

'꿈'과 '목표'는 엄밀히 다르지만, 미래 지향적이라는 측면 때문인지 비슷한 의미로 받아들이기도 한다. 게다가 어려서부터

모두에게 잘 보일 필요는 없다

큰 꿈을 가지라고 배워온 우리는 자연스럽게 꿈과 목표를 동일하게 생각하는 경향이 있다. 가령 '몸짱 되기'는 좋은 꿈이지만, 좋은 목표라고 볼 수는 없다.

앞에서 이야기했듯이 목표가 크면 실패 경험이 쌓이면서 학습된 무기력에 빠질 수 있다. 목표는 더할 나위 없이 작게 잡아야 한다. 그래야 성공 경험을 할 수 있는 가능성이 높아진다. 꾸물거리는 나에게 필요한 목표는 '몸짱 되기'가 아니라 '운동복 입기', '집 밖에 나가기'와 같은 작은 목표여야 한다.

좋은 목표를 설정하는 방법: S.M.A.R.T 목표설정

안 좋은 목표 예: 나는 건강한 사람이 될 것이다.

S(Specific): 목표는 구체적이어야 한다.
→ 나는 집 근처 공원에서 걷기 운동을 할 것이다. (S)

M(Measurable): 목표는 측정 가능해야 한다.
→ 나는 집 근처 공원에서 걷기 운동을 매일 두 시간씩 할 것이다. (SM)

A(Achievable): 목표는 실현 가능해야 한다.
→ 나는 집 근처 공원에서 걷기 운동을 일주일에 두 번 한 시간씩 할 것이다. (SMA)

R(Relevant): 목표는 현재 이슈와 관련성이 있어야 한다.
→ 나는 내 건강을 위해 집 근처 공원에서 걷기 운동을 일주일에 두 번 한 시간씩 할 것이다. (SMAR)

> **T(Time-bound)**: 목표는 시간 제한적이어야 한다.
> → 나는 내 건강을 위해 집 근처 공원에서 걷기 운동을 일주일에 두 번 한 시간씩, 한 달간 할 것이다. (SMART)

꾸물거림 탈출하기 2: 셀프-잔소리 하기

우리는 해야 할 일들을 미루면서 여러 가지 합리화를 한다.

'지금은 할 기분이 아니야, 내일 할래.'
'날씨가 안 좋아서 오늘은 못 해.'
'지금 해도 조금밖에 못 하니까, 내일 몰아서 해야지.'

이런 합리화의 문제는 마음속에서는 순간적으로 합리적인 것처럼 느껴지지만 사실은 매우 비합리적이다. 이런 비합리적인 생각들은 적극적으로 수정해야 한다. 먼저, 이런 생각들이 드는 순간을 알아차려야 한다. 보통은 비합리적인 생각에서 지연 행동으로 물 흐르듯 자연스럽게 흘러간다. '아! 내가 지금 이런 비합리적인 생각을 또 하고 있구나'라는 것을 알아차리고 지연 행동으로 이어지지 않도록 잠시 시간을 벌 필요가 있다.

두 번째로는 나의 비합리적인 생각을 적극적으로 반박해야 한다. 가령 아래와 같이 반박하는 것이다.

모두에게 잘 보일 필요는 없다

지금은 할 기분이 아니야, 내일 할래.

→ 내일 기분이 좋아질 거라는 보장은 없어.

날씨가 안 좋아서 오늘은 못 해.

→ 날씨가 안 좋은 것과 내가 이걸 하지 않는 건 아무 관련이 없어.

지금 해도 조금밖에 못 하니까, 내일 몰아서 해야지.

→ 오늘 조금이라도 하고, 내일 마저 하는 게 유리해.

반박의 과정에서 두 가지 주의할 점이 있다. 첫째, 반박은 '아주 합리적이고 객관적으로, 조금은 냉정하게' 해야 한다는 것이다. 둘째, 반박하는 것이지 비난하는 것은 아니다. '이것도 못 하는 넌 바보가 아니니?'라는 것은 반박이 아니라 비난이다. 이런 말을 다른 사람에게 들으면 기분 나쁜 잔소리로 들린다. 그러나 자신에게 하는 적당한 셀프-잔소리는 '행동을 불러일으키는 부싯돌'이 될 수 있다.

꾸물거림 탈출하기 3: '미루지 않는 나' 상상하기

미루는 습관이 반복되다 보면 '미루는 사람', '게으른 사람'

이라는 자아상self-image을 만들게 된다. 그리고 미루는 사람이라는 자아상은 실제로 '미루는 행동'으로 이어진다. 일종의 자기충족적 예언self-fulfilling prophecy이 되는 셈이다.

자기충족적 예언

무언가에 대해 어떤 기대를 하면 그 기대에 부합하는 방식으로
행동하게 되고, 기대한 대로 결과가 도출된다는 개념이다.
비슷한 표현으로는 '말이 씨가 된다', '피그말리온 효과' 등이 있다.

그래서 미루는 사람이라는 자아상에 맞서기 위해서는 반대로 '미루지 않는 나', '성실한 나'라는 자아상을 만들 필요가 있다. 그래야 마음속에서 '미루는 나'와 '안 미루는 나' 사이의 힘겨루기가 시작되기 때문이다.

이때 과거의 성실했던 경험을 떠올려보면 좋다. 지금까지 당신의 삶에는 분명히 성실함의 흔적이 있다. 비록 그것이 비생산적이고 보잘것없어 보이는 행동, 가령 게임이나 쇼핑일지라도 미루지 않고 성실하게 했던 적이 분명히 한 번은 있을 것이다. 그것이 무엇이든 미루지 않고 해본 적이 있다면, 앞으로도 분명히 미루지 않고 할 수 있는 가능성이 있다는 것이다. 따라서 당신이 '성실한 나'를 떠올리는 것은 망상이 아니다. 그리고 그러한 이미지를 머릿속으로만 떠올리는 것보다는 어딘가에 적어보면 좋다.

모두에게 잘 보일 필요는 없다

예를 들어 '설거지거리가 생기면 바로 치우는 나', '과제가 있으면 일단 시작하는 나'처럼 여러 문장으로 나를 묘사해 보면 좋다. 실제로 지금 내 핸드폰 잠금화면에는 "하루에 한 줄씩이라도 책을 읽는 나"라는 문구가 적혀 있다.

꾸물거림 탈출하기 4: 지지 집단 만들기

거듭 말하지만, 인간은 스스로 성장하고자 하는 본능과 동시에 가만히 있고 싶은 본능도 존재한다. 따라서 꾸물거림도 인간의 본능이다. 그렇기에 꾸물거림을 극복한다는 것은 식욕과 수면욕을 참는 것만큼이나 어려운 과제이다. 그래도 다행스러운 것은 인간은 사회적 동물이다. 혼자서는 못 할 일도 동지가 있을 때는 해내기도 한다.

가끔 군대 시절을 떠올리면 '대체 그때는 그걸 어떻게 했지?'라는 생각이 들 때가 있다. 어제는 운동 삼아 걸어보겠다고 5킬로미터 정도를 좀 빨리 걸었는데 오늘 아침에 다리에 알이 뱄다. 그러면서 '아니, 군대에서는 도대체 40킬로미터가 넘는 행군을 어떻게 했을까?'라는 생각이 들었다. 돌이켜 보면 그때 행군을 해냈던 이유는 한 가지였다. 바로 옆 사람이 걷고 있었기 때문이다. 미루는 습관을 극복할 때도 이러한 집단의 힘을 이용할 수 있다.

주변에 비슷한 목표를 가진 친구나 가까운 사람들과 팀을 만들어서 서로의 목표를 공유하고, 인증하고, 격려와 지지를 해주면 도움이 된다. 가까운 곳에서 이런 지지 집단을 만들기 어렵다면, 오픈 채팅이나 각종 어플에서 이러한 모임들에 참여할 수 있다. 가령 러닝방에는 매일 자기가 달린 기록을 올리고, 공부방에서는 공부한 흔적을 인증 숏으로 남긴다. 때로는 공부하는 모습을 실시간 영상으로 공유하기도 한다.

실제로 미루는 습관을 극복하기 위한 지지 집단 프로그램을 여러 차례 운영한 적이 있다. 이 프로그램은 66일간 서로의 활동을 온라인에서 인증하고 몇 차례 오프라인 모임을 가지며 습관을 만들어가는 프로그램이었다. 하루에 평균 운동 시간 0분이던 A 씨는 프로그램이 끝날 때 평균 59.5분씩 운동하게 되었다. 핸드폰 사용량이 너무 많아 할 일을 못 하던 B 씨는 하루 평균 잠금 해제 횟수가 116회에서 44회로 줄었다. '자기계발을 위한 독서하기'에 도전한 C 씨는 하루 평균 독서 시간 3.5분에서 122.5분으로 늘어나는 엄청난 변화를 보여주었다.

'함께'가 주는 힘이 실로 대단함을 눈으로 확인할 수 있는 시간들이었다. 분명히 인간의 자기 성장 욕구는 함께할 때 더욱 강해진다.

모두에게 잘 보일 필요는 없다

7

진짜 내 장점을 찾고
활용하는 새로운 관점

찾지 못할 뿐
장점이 없는 사람은 없다

TV에서 각종 오디션 프로그램을 보다 보면, 어느샌가 심사위원이 되어 있는 나를 발견한다.

"A는 춤선은 좋은데, 보컬이 좀 부족하네."
"B는 끼가 있고, 스타성이 있네. 잘될 거 같아."
"C는 노래할 때 리듬감이 좀 떨어진다."
"D는 저번보다 랩이 많이 늘었네."

이런 말을 하는 나를 보면서 아내는 "대단한 전문가 나오셨습니다"라며 놀린다. 사실 놀림받을 만하다. 실제로 만나본 적도 없는 TV 속 사람들을 이토록 쉽게 평가하다니. 게다가 아무것도 모르는 주제에 말이다. 나만의 모습이 아닐 것이다. 사람들은 타인을 쉽게 평가한다. 그 사람이 어떤 장점이 있고, 어떤 단점이 있는지 열심히 분석하고 평가하려고 한다. 그런 것을 많이 하는 사람은 자신을 '사람 보는 눈이 있다'고 말하기도 한다. 이토록 타인을 열심히 평가하지만, 아이러니하게도 정작 나에 대해서는 열심히 평가하지 않는다. 그래서 나에 대한 평가를 묻는 질문을 받으면 너무나 곤란해한다.

'나의 장단점을 말하시오.' 자기소개서와 면접에서 어김없이 등장하는 이 질문은 언제나 난감하다. 내세울 만한 장점이 마땅치 않다. 단점은 사실 많지만 솔직하게 말할 수가 없다. 그렇기에 단점인 듯 단점 아닌 장점 같은 단점을 찾아야 하는 어려운 일이 되어버린다. MSG를 치려고 해도 냄비에 어떤 음식이 담겨 있는지 몰라서 함부로 뿌리지도 못한다.

이토록 사람들은 자신에 대해서 면밀하게 평가하는 것을 어려워한다. 나와 일면식도 없는 사람에 대해서는 쉽게 평가하지만, 24시간 나와 함께 있는 나에 대해 객관적으로 평가하는 것은 쉽지 않다. 게다가 내가 나를 평가하는 것보다 타인이 나를 평가하는 것이 더 정확하다고 생각한다. 나에 대한 정보는 내가 제일 많이 아는데도 말이다. 나와 가장 가깝고 친한 게 나인데, 내가 나를 모른다.

모두에게 잘 보일 필요는 없다

장점은 어렵고, 단점은 쉽다

간단한 활동을 한 가지 해보자. 3분만 투자하면 된다. 지금 바로 핸드폰을 꺼내서 3분간 내 성격의 장점과 단점을 최대한 많이 적어보자. 다 적었는가? 다 적었으면 당신이 적은 장점과 단점을 천천히 살펴보자.

얼마나 많은 장점과 단점을 적었는가?
장점과 단점 중 어떤 것이 더 많은가?
장점과 단점을 쓸 때 어떤 생각이 들었는가?

간단한 이 활동은 내가 실제로 개인 상담과 집단 상담에서 종종 활용하는 기법이다. 이 활동을 해보면 여러 모습이 나타난다. 누군가는 제한 시간의 거의 대부분을 장점을 적는 데 할애하고, 단점에는 '단점이 없는 게 단점'이라고 쓰기도 한다. 다른 누군가는 막힘 없이 단점을 써 내려가고는, 장점을 쓸 때는 한참을 고민하다가 '착하다'라고 적고 끝내기도 한다. 분명한 것은 지금까지 내 경험상 장점을 많이 적는 사람보다, 단점을 많이 적는 사람이 훨씬 많았다.

자존감이 높은 사람들은 이 활동에서 어떤 특징을 보일까? 장점을 많이 적고, 단점을 적게 적을 것이라고 예상하지만 사실은 그렇지 않다. 정말 자존감이 높은 사람은 오히려 장점도, 단점도 많이 쓴다. 즉, 자존감이 높은 사람은 장점이 많은 사람이 아니라 오히려 자기 장점과 단점을 고르게, 많이, 잘 아는 사람이다. 반대로 죄책감과 수치심이 내면화된 사람들은 자신을 '잘못된 존재'로 생각한다. 자신을 바라볼 때, 이미 부정적인 색안경을 끼고 보기 때문에 단점을 찾는 것은 숨 쉬는 것만큼 쉽다. 그러나 장점은 모래 속에서 진주를 찾는 것처럼 어렵게 느껴진다. 혹은 장점뿐만 아니라 단점조차 찾기 어려워하는 경우도 있다. 이들의 마음속에는 '나는 잘못된 사람이다', '나는 부적절한 사람이다'가 너무나 당연한 명제인 나머지, 그것을 굳이 따져볼 생각도 하지 못하는 것이다. 즉 죄책감과 수치심이 마음에 밴 사람들은 자신을 '이런 장점도 있고, 이런 단점도 있는 나'라는 통합적 존재로 인식하지 못한다.

장점은 내 안에서 그나마 나은 것이다

규정 씨는 3년 차 공무원이다. 대인 관계와 일상에서 자꾸만 위축되는 자신의 모습을 개선하고 싶어 상담실을 찾았다. 상담에서 한번은 규정 씨의 '장점'을 함께 찾아보고자 했다.

규정 선생님, 근데 저는 사실 장점이랄 것이 없어요. 단점은 얼마든지 말할 수 있지만요.

나　지금까지의 삶에서 뭔가를 성공했던 경험이 있나요?

규정　공무원 시험 합격한 거?

나　혹시 거기서 규정 씨의 장점을 찾을 수 있을까요?

규정　글쎄요….

나　가령 공시생 생활을 버티고 견뎌낸 것에서 '끈기'라
　　는 장점을 찾아볼 수도 있지 않을까요?

규정　그런데 그걸 장점이라고 하기에 전 2년 정도밖에 안
　　했거든요. 노량진 가보면 저보다 더 높은 급수에 도
　　전하면서 5년 이상씩 준비하는 사람들도 있어요. 이
　　들 정도면 장점이 끈기라고 할 수도 있겠지만, 저는
　　아닌 것 같아요.

　　대부분의 사람이 본인의 장점을 말하지 못하는 것은 대개
규정 씨와 같은 이유이다. 내 장점이 장점이라고 말하기에는 뭔
가 내세울 만하지 못하다는 것이다. 조금만 주위를 둘러봐도 나
보다 잘하는 사람들이 항상 있다. 그들에 비하면 내가 생각하
는 장점은 꺼내놓기 민망할 정도로 초라한 것이 되어버린다. 내
가 생각하는 장점을 타인의 것과 비교하려 하는 모습, 이것이 가
장 치명적인 오류이다. 장점은 타인보다 뛰어난 점을 찾는 것이
아니다. 나의 여러 모습 중에서 조금이라도 더 뛰어난 점을 찾는
것이다. 즉, 비교의 대상이 '타인'이 아니라 '나'라는 것이다.

동네 친구 영석이의 이야기를 전하고 싶다. 학창 시절 영석이는 공부를 잘 못하는 아이였다. 시험을 보면 대부분의 과목 점수가 30~40점대였는데, 매번 영어 과목만 60점대의 점수를 맞았다. 영석이는 이 상황을 두 가지 방식으로 해석할 수 있었다.

1) 나의 영어 실력은 장점이 아니다. 다른 과목에 비해 점수가 높긴 하지만, 다른 아이들에 비하면 훨씬 부족한 점수이기 때문이다.
2) 나의 영어 실력은 장점이다. 다른 과목에 비해 점수가 높기 때문이다.

여기서 1)의 관점으로 본다면 영석이는 자신의 영어 실력에 대해 일말의 자부심도 가질 수 없었을 것이다. 누군가 영석이에게 "공부 잘하니?"라고 물어보면, 영석이는 잔뜩 위축되어서 아무 말도 하지 못할 것이다. 영어 점수가 90점이 나와도 똑같이 위축될 것이다. 이번에는 100점을 맞은 친구와 비교할 것이기 때문이다. 이렇게 타인과 비교하는 방식으로 자기 장점을 찾으면, 최정상에 서는 최후의 1인이 되기 전까지 자신의 장점을 장점이라 말할 수 없게 된다.

영석이는 다행히 2)의 관점으로 자신을 바라보았다. 그래서 영어 실력에 조금의 자부심이라도 가질 수 있었다. 누군가 영석

모두에게 잘 보일 필요는 없다

이에게 공부를 잘하냐고 물어보면, 영석이는 쭈뼛거리며 "그래도 영어는 좀 하는데요?"라고 말했다. '영어 하나는 잘하는 사람'이 라는 캐릭터를 지키고자 영어만큼은 놓지 않고 열심히 했다. 하다 보니까 실제로 실력도 늘었고 재미가 붙었다. 영석이는 결국 잘나가는 동시통역사가 되었다. 만약 영석이가 1)의 관점을 가졌다면, 즉 자기 장점을 남들과 비교하며 보잘것없는 것으로 여겼다면 이러한 직업적 성공을 거두기는 어려웠을 것이다.

다시 한번 말하지만 당신의 장점을 찾고 싶다면 타인과 비교하지 않고, 내 안에서 그나마 나은 것을 찾아야 한다. 물론 그 장점이 타인과 견줘보았을 때는 조금 부족한 것일지도 모른다. 그럼에도 그것을 당신의 장점으로 여겨야 한다. 그 장점은 당신에게 희망의 불씨가 되고, 그 불씨는 당신의 성장 동기를 더욱 불타오르게 해줄 것이다.

장점을 계발하는 노력 vs 단점을 보완하는 노력

죄책감과 수치심에서 벗어나고 자신을 존중하는 삶을 살기 위해서는 나의 장점과 단점을 최대한 많이 알기 위해 노력해야 한다. 이러한 노력 자체가 곧 자신에 대한 관심이기 때문이다. 그리고 이렇게 찾은 장단점들을 변화할 수 있는 것과 변화할 수 없는 것으로 나누어 생각해 보아야 한다. 변화 가능한 것들은 대표적으로 나의 능력, 재능, 성격 강점 등이 포함된다. 변화할 수 없는 것들은 나의 환경, 타고난 기질적 특성을 들 수 있다.

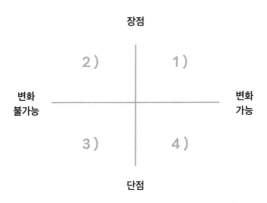

1) 변화가 가능한 장점이다. 이 영역은 '계발의 영역'이다. 나의 여러 능력과 재능, 성격적인 요소 중 내 안에서 그나마 나은 것들을 뜻한다. 이러한 요소들은 계속 써먹으면서 더욱 계발시킬 수 있다. 위에서 소개한 동네 친구 민석이의 사례가 그러하다. 민석이가 그나마 잘했던 영어를 장점으로 여기고 더 노력해 영어 실력이 향상된 것처럼 말이다.

2) 변화가 불가능한 장점이다. 이 영역은 '감사의 영역'이다. 이 영역에 속하는 것들은 대부분 나의 장점이지만, 나의 노력으로 얻은 것이 아니다. 예를 들어, 금수저로 태어났다면 이 또한

모두에게 잘 보일 필요는 없다

장점이다. 그러나 내가 변화시킬 수 있는 것은 아니다. 내가 금수 저라면 이것은 창피해야 할 것도 아니고, 내세워야 할 것도 아니다. 그저 노력과 무관하게 이런 장점을 가진 것을 감사해야 한다. 금수저 같은 환경적 요소뿐만 아니라 뚜렷한 이목구비, 큰 키와 같은 신체 특징도 감사해야 할 요소이다. 만약 자기가 하고 있는 일에 유리한 기질을 가지고 태어났다면 그 또한 감사할 일이다. 나의 기질적 특성 중에는 '높은 사회적 민감성'이 있다. 사회적 민감성이 높으면 타인의 감정을 민감하게 알아차리고 눈치가 빠른 특성이 있다. 이는 내가 상담심리사로 일하는 데 매우 유리한 기질이다. 나는 이러한 기질을 타고난 것에 대해 항상 감사함을 느끼고 있다. (이러한 기질적 특성은 'TCI 기질 및 성격검사'라는 검사를 통해 알아볼 수 있다.)

3) 변화가 불가능한 단점이다. 이 영역은 '수용과 위로의 영역'이다. 이 영역에 속하는 것들은 나의 단점이지만, 내가 선택한 것이 아니다. 2)와는 반대로 당신이 흙수저로 태어났다면 이 또한 단점이 될 수 있다. 타고난 신체 특징이 단점이 될 수도 있다. 타고난 기질이 내가 하는 일에 불리하게 작용한다면 이 또한 단점이 될 수 있다. 그러나 이 모든 것이 나의 선택과는 무관하다. 이러한 단점을 갖게 된 데 내가 기여한 바는 조금도 없다. 그렇기에 이 또한 창피해야 할 것이 아니다. 그저 내 선택과는 무관하게 이런 단점을 가진 자신을 위로해 줘야 하고, 그럼에도 불구하고

열심히 살고 있다고 격려해 줘야 한다.

　4) 변화가 가능한 단점이다. 이 영역은 '보완의 영역'이다. 나의 여러 재능, 성격적 요소 중 다른 것보다 조금 부족하다고 느껴지는 것들이다. 이것들은 나의 노력으로 보완할 수 있다. 가령 내가 다른 과목에 비해서 수학 점수가 떨어진다면 수학 공부를 열심히 해서 점수를 끌어올릴 수 있다. 여기서 생각해 볼 문제 한 가지는 1) 변화가 가능한 장점과 4) 변화가 가능한 단점 중에서 무엇이 더 중요한가이다. 우리가 할 수 있는 노력과 에너지는 한정되기에, 이를 장점 계발에 쓰는 것과 단점을 보완하기 위해 쓰는 것 중 어디에 집중하는 것이 더 효율적인가 하는 문제이다. 이는 각자의 장점과 단점이 어떤 것인지, 그리고 어떤 상황인지에 따라 매우 달라질 수 있다. 그러나 나는 일반적으로는 단점을 보완하기보다는 장점을 계발하는 것에 더 힘을 쏟기를 권한다. 장점을 계발하는 것이 단점을 보완하는 것보다 타인과의 격차를 더 쉽게 줄이기 때문이라고 생각할 수 있겠지만, 그것이 이유는 아니다. 장점을 계발하는 노력이 단점을 보완하는 노력보다 좀 더 할 맛이 나기 때문이다. 장점 계발이든, 단점 보완이든 노력의 과정은 똑같이 길고 힘들다. 그러나 단점을 보완하는 과정에서는 '부족한 나'를 좀 더 자주 마주한다. 그렇기에 좌절의 경험이 많을 수밖에 없다. 좌절의 경험이 축적되면, 노력에 대한 동기가 떨어진다. 장점을 계발하는 과정도 힘들긴 매한가지이지만,

　모두에게 잘 보일 필요는 없다

상대적으로 희망을 더 자주 접할 수 있다. '이거 조금만 더 하면 진짜 잘할 수 있을 거 같은데?'라는 희망은 노력의 동기를 좀 더 길게 유지하게 해준다.

8

정신 패배자보다는
정신 승리자가 낫다

가끔은 재수 없게
생각해도 된다

나이가 서른으로 접어들 무렵의 어느 날, 친구들과의 술자리에서 정현이와 형준이의 소개팅 에피소드가 맛있는 안줏거리로 올라왔다. 지난주에 두 친구가 소개팅을 나갔고 결과는 모두 실패였다. 그러나 그날 술자리에서 자신의 소개팅 실패에 대한 정현이와 형준이의 태도는 달랐다. 정현이는 소주 한잔을 입에 털어넣고는 이렇게 말했다.

"진짜 재수도 더럽게 없지. 왜 하필 그날 비가 와가지고…."

나는 되물었다.

"비? 비가 와서 뭐?"

정현이는 기가 막힌 답을 했다.

모두에게 잘 보일 필요는 없다

"아니 비 오면 몸도 꿉꿉하고, 기분도 축축 처지고 그러잖아. 소개팅이 잘 될 리가 있겠냐?"

형준이는 정현이를 비웃으며 놀렸다.

"야 정신 승리도 정도껏 해라. 하다 하다 이제 날씨 핑계를 다 대네."

정현이는 삐죽거리며 형준이에게 화살을 돌렸다.

"너도 잘 안 됐으면서. 그럼 넌 왜 잘 안 된 건데?"

형준이는 한숨을 푹 쉬며 답했다.

"당연히 내가 뭔가 부족하니까 잘 안 됐겠지. 아 얼굴이 문제야. 성형이라도 해야 하나."

'정신 승리'라는 말을 아는가? 위 에피소드에서 정현이가 보이는 태도가 바로 정신 승리이다. 내가 한 행동의 결과가 좋지 않았을 때, 내 마음이 편한 방식으로 해석해 버리는 것이다.

정신 승리

경기나 경합에서 겨루어 패배했으나 자책감에서 벗어나기 위해

자신은 지지 않았다고 정당화하는 것을 이르는 말이다

그렇기에 정신 승리는 보통 부정적인 의미로 쓰인다. 정현이처럼 실패했을 때 남이나 상황을 탓하는 모습을 비꼬고 비난할 때 쓰이는 말이다.

그런데 나는 이런 정신 승리가 꼭 나쁘다고 생각하지 않는다. 정신 승리보다 '정신 패배'가 더 해롭다고 생각한다. 정신 패배는 정신 승리의 반대이다. 정신 승리가 내 마음이 편한 방식으로 해석하는 것이라면, 정신 패배는 내 마음이 불편한 방식으로 해석하는 것을 뜻한다. 더욱 구체적으로는 실패의 원인을 '나의 부족함', '나의 부적절함'으로만 돌리려는 태도이다. 이러한 정신 패배적 태도는 당연히 죄책감과 수치심을 불러일으키며, 자존감의 손상으로 이어질 수 있다. 위 사례에서는 형준이가 정신 패배를 하는 셈이다.

정신 승리자 정현이와 정신 패배자 형준이의 이후 이야기는 이러하다. 그해 정현이와 형준이는 이후에도 몇 차례 소개팅을 했고, 계속 실패를 맛봤다. 그때마다 정현이는 매번 '음식이 너무 맛이 없었다', '상대방이 그날 기분이 안 좋아 보였다', '소개팅 장소에 사람이 너무 많아서 정신이 없었다' 등등 기상천외한 평계를 대며 정신 승리의 전형을 보였다. 정현이는 그렇게 실패할 때마다 정신 승리로 버티며 다음 해, 그다음 해에도 소개팅을 이어갔다. 그러다 결국 한 번의 소개팅 성공이 결혼까지 이어졌다.

형준이는 소개팅이 실패할 때마다 자기 비난을 이어갔다. '내 얼굴이 못나서', '몸이 너무 말라서', '대화 스킬이 부족해서' 등등 본인이 부족한 점들을 계속 찾아냈다. 그리고 그 부족한 점들을 극복하기 위해 계속 노력했다. 비싼 미용실에 가서 머리를 다듬고, PT도 받고, 여러 모임에서 사람들을 많이 만나며 대화 스킬도 늘리기 위해 노력했다. 그러나 그해 소개팅은 계속 실패했다. 결국 형준이는 그다음 해부터 소개팅을 멈췄다. '나는 연애도 결혼도 못 할 팔자인가 보다'라며 새로운 인연을 만드는 것을 포기해 버렸다.

정현이와 형준이는 소개팅에서 똑같은 실패를 경험했다. 소개팅이라는 것이 본래 성공보다 실패가 더 많은 것 아니겠는가. 그렇더라도 정현이와 형준이 모두 실패는 쓰리고 괴로운 경험이었을 것이다. 여기서 정현이는 정신 승리를 하면서 자존감을 지켰다. 실패는 괴롭지만 나에게 상처를 내지 않았기에 계속 도전할 수 있었다. 그러나 형준이는 정신 패배를 하며 자신을 다치게 했다. 실패의 상처만으로도 괴로운데 그 상처에 기름을 부은 격이다. 더 깊어진 상처는 결국 형준이를 더 이상 움직일 수 없게 만들어버렸다.

정신 승리자와 정신 패배자: 귀인 이론

정신 승리, 정신 패배는 우리가 행동의 결과를 해석하는 방식과 관련이 있다. 결과를 어떻게 해석하는가에서 가장 중요한 부분은 '왜'일 것이다. 우리가 성공을 하거나 실패라는 결과를 마주했을 때 자연스럽게 '왜 성공했는가', '왜 실패했는가'를 생각하게 된다. 예를 들어, 정현이는 실패의 원인을 '운'으로, 형준이는 '자신의 부족함'으로 생각하는 것처럼 말이다.

우리는 항상 결과에 대한 원인을 찾으려 한다. 이렇게 인간이 성공과 실패의 원인을 되돌아보는 과정을 심리학에서는 '귀인'이라고 한다. 말 그대로 원인으로 돌아간다는 뜻이다. 그리고이 과정을 체계적으로 설명한 이론이 귀인 이론이다. 성공과 실패의 상황에서 정신 승리자와 정신 패배자가 어떻게 귀인을 하는지 좀 더 살펴보자.

먼저, 성공적인 장면을 하나 떠올려보자. 처음 보는 치킨집에서 시킨 치킨이 생각보다 너무나도 맛있다. 분명히 성공한 상황이다. 이때 정신 승리자는 이런 말을 한다. "내가 잘 골랐네", "난 역시 맛집 찾기 능력자야", "내 선택은 언제나 옳아"와 같이 성공의 결과에 대해 능력, 성격과 같은 내부의 요인(내부 귀인)과 성격, 지능과 같은 잘 변하지 않는 요인(안정 귀인) 그리고 전반적인 성격과 능력과 같은 전체적인 요인(전반적 귀인)에서 원인을 찾는다. 그렇기에 뭔가를 성공했을 때 정신 승리자는 자부심을 느낀다. 그 자부심을 밑거름으로 새로운 일에도 더 쉽게 도전한다.

반면, 정신 패배자는 같은 상황에서 이렇게 결과를 해석한다. "사장님이 잘 튀겼네", "운이 좋았네", "나는 치킨만 잘 골라"처럼 성공의 상황에서 타인, 환경과 같은 외부의 요인(외부 귀인)

모두에게 잘 보일 필요는 없다

과 운, 노력과 같은 잘 변하는 요인(불안정 귀인) 그리고 성격과 능력의 일부와 같은 특수한 요인(부분적 귀인)에서 원인을 찾는다. 그래서 정신 패배자는 성공하더라도 단지 이번만 운이 좋았다며 안심할 뿐이다. 이번에는 운이 좋았지만 다음에는 어떨지 모르기 때문에 새로운 도전을 여전히 망설인다.

이번에는 실패의 장면을 상상해 보자. 처음 보는 치킨집에서 시킨 치킨이 심하게 맛이 없다. 너무나 슬픈 실패의 상황이다. 이때 정신 승리자는 "사장님이 잘못 튀겼네", "운이 나빴군", "이번 치킨 선택은 미스였다"라고 말한다. 실패의 상황에서 정신 승리자는 정신 패배자가 성공 상황에서 사용하는 귀인 방식을 사용한다. 즉, 외부 귀인과 불안정 귀인 그리고 부분적 귀인에서 원인을 찾는다. 그렇기에 실패하더라도 다음을 기약하고 노력을 할 수 있다.

반대로 실패 상황에서 정신 패배자는 "내가 잘못 골랐네", "난 역시 무능력해", "내 선택은 언제나 틀려"라고 말한다. 이처럼 정신 패배자는 정신 승리자가 성공 상황에서 했던 것처럼 내부 귀인과 안정 귀인 그리고 전반적 귀인으로 원인을 돌린다. 그렇기에 실패 상황에서는 더욱 좌절한다. '내가 역시 그렇지 뭐'라며 수치심을 적립하며 자존감을 낮춘다. 그러다 보면 해봤자 안 된다는 생각, 학습된 무기력까지 나타날 수 있다.

성공했을 때		실패했을 때	
정신 승리	정신 패배	정신 승리	정신 패배
내부 귀인 "내가 잘 골랐네."	외부 귀인 "사장님이 잘 튀겼네."	외부 귀인 "사장님이 잘못 튀겼네."	내부 귀인 "내가 잘못 골랐네."
안정 귀인 "난 역시 능력자야."	불안정 귀인 "운이 좋았어."	불안정 귀인 "운이 나빴어."	안정 귀인 "난 역시 무능력해"
전반적 귀인 "내 선택은 언제나 옳아."	부분적 귀인 "나는 치킨만 잘 골라."	부분적 귀인 "이번 치킨 선택은 미스였다."	전반적 귀인 "내 선택은 언제나 틀려."

겸손의 함정에 빠지지 말 것

정신 승리자와 정신 패배자가 자주 하는 말들을 모아보았다. 정신 승리자가 자주 하는 말과 생각은 이렇다.

"내가 잘한 거지."
"저 사람이 잘못했네."
"난 역시 능력자야."

정신 패배자가 자주 하는 말과 생각은 다음과 같다.

모두에게 잘 보일 필요는 없다

"운이 좋았지."

"내가 잘못했네."

"난 역시 부족한 사람이야."

이 말들을 보고 어떤 생각이 드는가? 왠지 모르게 정신 승리자는 재수 없고, 정신 패배자는 좀 더 마음이 가지 않는가? 그렇다면 겸손의 함정에 빠진 것일 수도 있다. 우리 사회에서는 겸손을 강조한다. "벼는 익을수록 고개를 숙인다"라는 속담처럼 말이다. 나를 낮추고 타인을 높이면 '겸손한 인품을 가진 좋은 사람'으로 여겨지고, 그렇게 하지 않으면 '재수 없는 사람'으로 평가되기 십상이다. 즉, 우리 사회에서는 나를 낮추면 칭찬받고, 나를 높이면 비난받는 이상한 경험을 많이 하게 된다. 그러다 보니 때로는 정신 패배적 모습이 사회적으로 더욱 적절하게 여겨지는 것도 사실이다. 그러나 그런 태도로 인해 죄책감과 수치심에 더욱 취약해지는 것도 사실이다. 적당한 겸손함은 남을 배려할 수 있지만, 지나친 겸손함은 나를 소외시킨다. 이런 어려움을 겪는 사람들에게 상담에서 내가 자주 하는 말이 있다.

"겸손함은 미덕이지, 도덕이 아니에요. 가끔은 겸손하게 행동하시되 재수 없게 생각하시면 좋겠어요."

물론 정신 승리가 무조건 좋은 것은 아니다. 지나친 정신 승리는 남을 탓하거나 내로남불(내가 하면 로맨스, 남이 하면 불륜)의 모습이 나타날 수도 있다. 뭔가를 실패했을 때는 실패 원인을 자세히 분석하고, 다음 도전의 밑거름으로 사용할 수 있어야 한다. 그러나 정신 승리의 태도만 고수하면 실패로부터 배우는 것이 적어질 수 있다. 그럼에도 한 가지만 선택해야 한다면, 정신 패배보다는 정신 승리가 낫다. 정신 승리는 실패로부터 조금이라도 배우지만, 정신 패배는 실패조차 할 수 없다. 스스로를 위축시켜 도전 자체를 멈추게 하기 때문이다.

과도한 음주는 몸에 해롭다. 그러나 한 잔의 술은 오히려 건강에 이로울 수 있다는 연구도 있다. 정신 패배나 정신 승리도 마찬가지이다. 둘 다 모두 과하게 하면 해롭다. 그러나 단 한 잔의 술을 가끔 마셔야 한다면, 정신 패배보다는 정신 승리를 했으면 좋겠다.

모두에게 잘 보일 필요는 없다

9

자존감 만능주의에서
벗어나기 위한 3단계

자존감 높은 사람인 척하다 보면
그렇게 된다

바야흐로 자존감 만능주의의 시대이다. 자존감이라는 개념이 심리학계에서는 오래전부터 활발히 연구되어 온 주제이긴 하지만, 10년 전만 하더라도 대중에게는 이토록 익숙한 개념은 아니었던 것 같다. 최근 몇 년간 방송, 서적을 비롯한 각종 매체에서 자존감을 자주 소개하면서 이제는 모르는 사람이 없는 개념이 되었다.

자존감에 너무 익숙해진 나머지, 모든 심리적 어려움의 원인을 '낮은 자존감'으로 설명하는 경우도 많은 것 같다. 마치 MBTI가 유행하면서 무슨 행동을 하면 '엔프피ENFP라서 그러는구나'라고 하는 것처럼 말이다. 우울해도, 불안해도, 화가 나도 모두 자존감이 낮기 때문이라고 말한다. 반대로 자존감만 높아지면 나의 모든 심리적 어려움이 해결되고 행복해지리라고 기대하기도 한다. 대중에게 자존감은 만병의 근원이자, 동시에 만병통치약이 되어버렸다. 자존감은 정말 만병통치약일까?

나는 자존감을 '마음의 근육'이라고 표현한다. 자존감이 높다는 것은 내 마음에 근육이 많은 셈이고, 자존감이 낮다는 것은 근육이 부족하다는 의미이다. 몇 년 전 운동을 하다가 왼쪽 무릎을 크게 다쳐서 수술한 적이 있다. 퇴원하면서 의사 선생님은 이런 이야기를 했다.

"앞으로 허벅지 운동을 많이 하셔야 해요. 무릎 연골이 기능을 잘하지 못할 거라 허벅지 근육으로 좀 지켜줘야 하거든요"

기본적으로 근육이 많으면 신체 건강에 도움이 되는 것은 확실하다. 특히 무릎 수술 후 내가 의사 선생님에게 들었던 말처럼, 근육은 몸에 생기는 고통을 함께 버텨주고 지지해 주는 역할을 한다. 마음의 근육인 자존감도 마찬가지이다. 자존감은 살면서 겪는 어쩔 수 없는 고통들을 좀 더 잘 견디게 해주고 회복하도록 도와주는 역할을 한다. 그렇기에 자존감이 심리적인 적응에 중요한 역할을 하는 것은 사실이다. 높은 자존감은 이 책에서 다루는 과도한 죄책감과 수치심으로부터 우리를 지키는 역할을 해줄 수 있다.

모두에게 잘 보일 필요는 없다

자존감을 높이기 어려운 이유

몸의 근육을 만드는 과정은 대단히 힘들다. 그래서 몸 좋은 사람이 되고 싶은 이들은 이를 위해 엄청난 노력을 한다. 비싼 돈 들여가며 PT를 받고, 시간을 쪼개가면서 어떻게든 헬스장에 출근 도장을 찍는다. 매일매일 무거운 쇠를 드는 고생을 자처하고, 고무 맛 나는 닭가슴살을 기꺼이 씹어 먹는다.

마음의 근육, 자존감을 만드는 과정 역시 몸의 근육을 만드는 과정만큼 힘들다. 그럼에도 사람들은 마음의 근육을 만들 때, 몸의 근육을 만드는 만큼의 노력을 하지 않는 것 같다. 그저 마음먹기에 달렸다며 좋은 말과 책, 유튜브 강의를 답습한다. 마치 도를 깨우치듯 끊임없이 내 마음을 들여다보기만 하면 저절로 자존감이 높아질 것이라고 믿는다. 솔직히 나는 몸의 근육보다 마음의 근육을 만드는 과정이 더 어렵다고 생각한다. 그렇게 생각하는 이유는 두 가지이다.

첫째, 마음의 근육은 눈에 보이지가 않는다. 몸의 근육은 눈바디나 인바디로 변화를 알 수 있다. 그러나 자존감은 그 변화를 알 수가 없다. 눈에 보이는 변화가 없으니 할 맛이 안 난다. 그래서 중도 포기하게 된다. 둘째, 마음의 근육에는 기준이 없다. '몸 좋다는 것은 무엇인가'에는 대략적인 기준이 있다. 그러나 '자존감이 높다는 것은 무엇인가'에는 기준이 없다. 저마다 생각하는 자존감의 모습은 다르고 불분명하다. 그러다 보니 자존감이 높은 사람이라는 것은 상상 속의 동물 유니콘처럼 막연하게 이상화된다. 그렇게 이상화될수록 현실과의 괴리감이 크게 느껴지기에 이 또한 할 맛이 안 나서 중도 포기하게 된다.

자존감을 높이는 것이 결코 쉽지 않은 것임을 명심했으면 좋겠다. 적어도 보디 프로필을 찍기 위해 고생할 정도의 각오는 필요하다. 자존감을 높이기 위한 가장 좋은 방법은 심리상담을 받는 것이다. 건강한 몸을 만들기 위해 PT를 받는 것과 마찬가지이다. 이 세상에 존재하는 모든 전문가들 중 자존감을 높이기 위한 훈련을 받은 전문가는 상담심리사밖에 없다.

그렇지만 PT를 받기 어려울 때 홈트레이닝을 하는 것처럼 자존감을 높이기 위해 혼자 해볼 수 있는 훈련들도 있다. 그러나 혼자 하는 만큼, 더욱 쉽지 않고 고된 길이 될 수도 있으니 굳은 각오를 하길 바란다. 이제 각오가 되었는가? 그렇다면 이제 스스로 자존감을 높이기 위해 노력할 수 있는 방법을 알아보자.

1단계: 자존감을 실체화하기

앞서 자존감을 높이기 어려운 이유로 자존감이 눈에 보이지 않고, 기준이 불분명하기 때문이라고 했다. 그렇다면 자존감을 눈에 보이게 만들고, 어떠한 기준을 만들 방법을 찾아야 한다. "저는 자존감이 낮아서 문제예요"라고 말하며 상담실을 찾는 사

모두에게 잘 보일 필요는 없다

람이 정말 많다. 이런 사람들에게 내가 빠지지 않고 건네는 질문이 있다.

"지난 한 달 동안 '자존감이 낮다'라는 걸 보여줄 만한 모습이 있을까요?"

이것은 개개인마다 다르게 그리는 '자존감'이라는 모호한 개념을 실체화하기 위한 질문이다. 모두 '낮은 자존감'을 호소했지만, 이 질문에 대한 답은 모두 제각각이다. 자존감이 낮아서 상사에게 부당하게 혼날 때 한마디도 못 했다는 사람, 자꾸 애인에게 화를 내는 것 같다는 사람, 업무 미팅에서 덜덜 떨기만 했다는 사람, 게임만 한다는 사람, 다섯 번째 성형수술을 했다는 사람, 취업 준비에 필요한 자기소개서를 못 쓰겠다는 사람, 아이에게 자꾸만 신경질을 낸다는 사람, 결혼을 못 하겠다는 사람 등등… 이 페이지를 가득 채워도 모자랄 정도로 다양한 답변이 나온다. 사람마다 스스로 마음에 안 드는 모습은 모두 다르지만, 그것을 모두 '자존감'이라는 하나의 단어로 표현한다는 것이다.

지금 바로 종이를 꺼내 이 질문에 답해보길 바란다. 핸드폰에 적어도 좋다.

"내가 한 달 동안 자존감이 낮았다는 것을 잘 보여줄 수 있는 사례는?"

이 질문을 통해 당신의 마음속에서 뿌옇게 자리 잡고 있던 자존감이라는 '개념'을 조금은 가시적인 '이미지'로 바꿀 수 있을 것이다.

2단계: 자존감을 행동으로 바꾸기

1단계는 '자존감이 낮은 과거의 내 모습'을 이미지화하는 과정이었다. 2단계는 '자존감이 높은 내가 앞으로 할 행동'을 계획하는 과정이다. 상담에서는 이런 질문을 건넨다.

"만약에 오늘 상담이 끝났을 때 자존감이 높아진다면, 다음 한 주간 어떤 행동을 하게 될까요?"

심리상담 이론 중 하나인 현실치료에서 이러한 질문을 '기적 질문'이라고 한다. 기적이 일어났을 때 내가 어떤 모습이 되고 싶은지를 구체적으로 생각해 보게 함으로써 내가 가진 기대를 명료화하는 기법이다. 이 질문에 답할 때는 두 가지 중요한 원칙이 있다. 첫째는 매우 구체적인 행동으로 답해야 한다. 둘째는 문장의 끝을 '~한다'라고 맺어야 한다. 반드시 '~한다'라는 행동에 대한 묘사가 되어야 하고 '~하지 않는다'라는 부정 표현을 사용하면 안 된다.

모두에게 잘 보일 필요는 없다

가령 '업무 미팅에서 덜덜 떨지 않는 사람'이라는 답은 적절하지 않다. '주간 업무 미팅에서 내가 이번 주에 한 일들을 분명하게 말한다'가 적절하다. '아이에게 신경질을 내지 않는다'보다는 '아이가 말썽을 피울 때, 부드러운 말투로 "엄마는 네가 그렇게 하지 않았으면 좋겠어"라고 말한다'가 더 좋다.

이제 두 번째 질문의 답을 적어보자.

"만약 당신이 자존감이 높다면 다음 한 주 동안 어떤 행동을 할 것인가?"

이 질문의 답을 통해 내가 원하는 모습을 구체적으로 그리고, 더 이상 자존감이 아닌 '행동'에 초점을 맞출 수 있게 된다.

3단계: 자존감이 높은 사람인 척 연기하기

이제 마지막 단계이다. 이 단계가 가장 어렵고, 큰 용기가 필요하다. 마지막 3단계는 2단계에서 계획한 행동을 실행에 옮기는 단계이다. 여기서 명심해야 할 것은 우리가 목표로 하는 행동들이 절대 마음에서부터 우러나서 자연스럽게 나오지 않을 것이라는 점이다. 그렇기에 행동을 억지스럽게 '연기'하겠다는 마음이 필요하다. 억지스럽고 인위적인 연기가 과연 도움이 될지

의심할 수 있겠다.

책 《미움받을 용기》로 유명한 아들러의 개인심리학에서는 '마치 ~인 것처럼 행동하기'라는 기법이 있다. 가령 자신의 외모를 과도하게 부정적으로 인식해 여성 앞에만 서면 얼굴이 빨개지는 남성 내담자에게 '다음 주에 딱 한 번, 모르는 여성에게 매력적인 사람처럼 연기하며 길을 물어보세요'라는 과제를 내주는 것이다.

이렇게 억지로 '~인 척' 행동을 하게 하는 것은 우리의 행동과 마음은 서로가 양방향으로 영향을 미치기 때문이다. 예를 들어보자. 억지로 미소를 지으면 조금은 기분이 좋아진다. 에너지가 넘치면 운동을 하고 싶은데, 운동을 하면 에너지가 넘친다. 누군가를 돕고 싶어 봉사 활동을 하는데, 봉사 활동을 하면 누군가를 돕고 싶은 마음이 생긴다. 우울하면 아무것도 하지 않게 되는데, 아무것도 하지 않아서 더 우울해진다.

이러한 양방향성은 자존감에서도 마찬가지이다. 우리는 2단계에서 저마다 자존감이 높을 때 어떤 행동을 할 수 있는지를 그려봤다. 그렇다면 반대로 그런 행동을 했을 때 자존감이 높아지기도 한다는 것을 의미한다. 자존감과 행동은 서로 양방향으로 영향을 미치기 때문이다.

이 억지스러운 연기가 도움이 될 것 같은가? 그렇다면 연기를 시작해 보자. 드라마든 연극이든 연기를 하기 위해서는 대

모두에게 잘 보일 필요는 없다

본 리딩도 필요하고 리허설도 필요하다. 우리가 해야 하는 연기도 준비가 필요하다. 우선 다음 한 주간의 일정을 살펴보며, 목표 행동을 연기할 수 있는 시간과 장소를 그려본다. 가령 '주간 업무 미팅에서 내가 이번 주에 한 일들을 분명하게 말한다'가 목표 행동이라면 다음 주 주간 업무 미팅이 언제, 어느 장소에서 열리는지를 머릿속에 떠올려보는 것이다. 그리고 그 시간과 장소에서 내가 어떤 행동과 말을 할지 구체적으로 생각해 보자. 일종의 이미지 트레이닝인 것이다.

그러고 나서 내가 안전하다고 느끼는 공간에서 그 말이나 행동을 실제로 연습하는 것이다. 이때 표정과 손짓, 자세와 같은 비언어적인 요소들까지 연기해 봐야 한다. 이 과정은 실제와 똑같은 리허설이다. 모든 연습은 실전처럼 하는 것이다. 리허설을 할 때 제일 조심해야 할 것은 다름 아닌 '현타(현실 자각 타임)'이다. 문득 혼자서 이런 연기를 하고 있으면 '내가 지금 뭐 하는 거지?'라는 생각이 들 수 있다. 그럴 때마다 '나는 지금 자존감을 높이기 위한 훈련 중이야'라고 말하며 마음을 다잡길 바란다.

이제 마지막은 실전이다. 계획한 날의 아침에 눈을 떴을 때 '오늘은 결전의 날이다'라고 생각하며 각오를 다지면 좋겠다. 아무리 연습을 하고 리허설을 했어도 실전은 긴장될 것이다. 어쩌면 당신이 가장 어려워하는 순간에 도전하는 것이다. 떨리는 것도, 두려운 것도 당연하다. 그렇기에 자신에게 엄청난 격려와 지지를 해줘야 한다. 이 말이 망설이고 있는 나에게 용기가 될 수 있다. '지금 나는 나를 성장시키는 엄청난 도전을 하고 있다.' 리허설을 떠올리면서 그때와 똑같이 자세를 취한다. 어깨를 쫙 펴고, 의자에 등을 붙이고 앉아서 눈에 힘을 주고 말해본다.

"이번 주에는 지난주에 미결된 프로젝트를 마저 마무리했습니다. 그리고 부장님이 지시하신 신규 프로젝트에 대한 기획서를 작성했습니다. 더불어 지난달 종결된 프로젝트의 피드백을 수렴해 정리하는 작업을 진행했습니다."

이 한 번의 경험은 생각보다 큰 효과를 가져다줄 것이다. 0과 1은 다르다. 한 번이라도 시도하면, 두 번째부터는 좀 더 쉽게 시도할 수 있다. 두 번은 세 번이 되고, 세 번은 네 번이 된다. 그렇게 당신의 삶에서 자존감이 높은 사람처럼 행동하는 시간이 많아질 것이다. 그러다 보면 억지스럽게 하던 행동이 자연스럽게 몸에 밴다. 몸에 밴 기억은 특히 오래간다. 자전거를 타는 법을 배워놓으면, 몇 년을 쉬다가 타도 금세 다시 타는 것처럼 말이다. 그렇게 나는 자존감을 연기하는 사람에서, 자존감이 몸에 밴 사람이 되는 것이다.

물론 이렇게 자존감이 높은 사람인 척 연기하는 것이 쉬운 것은 아니다. 그러나 눈에 보이지도 않는 자존감이 언젠가는 높아지기를 막연하게 기다리는 것보다는 뭐라도 해보는 것이 낫지 않을까? 감나무 밑에서 언젠가 감이 떨어지길 기다리며 입만 벌

모두에게 잘 보일 필요는 없다

리는 것보다는, 나무를 흔들어라도 봐야 하지 않겠는가.

넷플릭스 드라마 〈에밀리, 파리에 가다〉 1화에서는 주인공인 에밀리가 남자 친구에게 파리로 발령받았다는 소식을 전한다. 남자 친구는 프랑스어를 한마디도 못하면서 어떻게 파리에 갈 수 있느냐고 묻는다. 그 말에 에밀리는 이렇게 답한다.

"Fake it till you make it."

될 때까지, 되는 척하겠다는 것이다. 자존감도 그렇다. 자존감이 높아질 때까지 높은 사람인 척 연기해 보자. 그러다 보면 정말 자존감 높은 사람이 된다.

모두에게
잘 보일
필요는 없다

초판 1쇄 발행 2022년 8월 15일

지은이	함광성
펴낸이	권미경
편집장	이소영
편집	김효단
마케팅	심지훈, 강소연, 김철
디자인	여만엽

펴낸곳	(주)웨일북
출판등록	2015년 10월 12일 제2015-000316호
주소	서울시 서초구 강남대로95길 9-10,
	웨일빌딩 201호
전화	02-322-7187
팩스	02-337-8187
메일	sea@whalebook.co.kr
인스타그램	instagram.com/whalebooks

소중한 원고를 보내주세요.
좋은 저자에게서 좋은 책이 나온다는 믿음으로, 항상 진심을 다해 구하겠습니다.